シリーズ●子どもと教師のための教育コラボレーションII

JN000312

学校カウンセリング［増補第3版］

問題解決のための校内支援体制とフォーミュレーション

田上不二夫 監修
Tagami Fujio

中村恵子 編著
Nakamura Keiko

ナカニシヤ出版

監修者の言葉

カウンセリングというと，面接室で心理的問題をかかえる人の話を聴きながら支援するというイメージが強い。確かに，そのような面もありますが，カウンセラーは個人への支援の一環として，その個人の所属する組織にも注目し身軽に動き回ります。そして人とつながり，人と人とをつなげ，人を活かし組織を活かします。

たとえば，不登校を例にとりましょう。昔から学校に来ない子どもはいましたが，今のように不登校の児童生徒が多くなろうとは誰も予測しませんでした。何が起きているのでしょう。

「数が多いといっても児童生徒全員が不登校になるわけではない。不登校になる子どもに，なんらかの特別な理由がある」と考える人がいるのはもっともなことです。原因が考えられ，質問紙による調査研究や事例を通しての研究が行われました。そして対策も立てられたのですが，それでも不登校は増え続けました。ここまで増えれば，個人の問題というよりも社会的変化や子どもたちの変わりように十分対応しきれなかった社会的施策の失敗と考えざるを得ないでしょう。

ここ何十年かの間に，社会や家庭や子どもが急激に変化しました。この変化にいち早く気づき，もし子どもたちを受け入れる学校教育環境が変化を遂げていたらと思う。受験には機敏に対応しましたが，その他の事柄や変化を見逃していたのではないでしょうか。

カウンセラーは，個人への支援とともに組織・社会環境の問題に取り組みます。その理由は2つあります。ひとつは，カウンセラーは相談者自身の資源とともに環境資源を活用して問題を解決する道を探すからです。もうひとつは，人の豊かな心理的成長は豊かな社会生活によって実現すると考えるからです。

遅ればせながら学校教育にいろいろな役割の人がかかわるようになりました。スクールカウンセラーに続いて，スクールソーシャルワーカーが配属され，養護教諭の複数配置や特別支援教育専門家の巡回が行われるようになりました。また地域資源として，教育センターや児童相談所，精神保健センターや医療機関の医師・心理士，行政の福祉課職員や地域の福祉関係者など多くの人びとが学校教育を支援するようになりました。また市町村への学校支援地域本部の設置など，PTA だけではなく地域の人々による学校教育への支援が始まっています。

これらの改革にカウンセラーが貢献したという話は，今のところ聞いていません。残念に思います。学校環境の豊かさや可能性とともに負の部分を見ていた一人だったのではないでしょうか。カウンセラーは個々の問題の支援に熱心ではあったが，社会や学校の課題に組織として取り組んだり提言したりすることがほとんどなかったのではと思います。

学校教育環境や支援システムを，学校教育の現状を踏まえてどのようにしていったらよいのか。カウンセラーの視点から提言するのが，この教育コラボレーション・シリーズです。本書は，カウンセラーの著者が教員とコラボレートして，子どもたちや教育の問題に立ち向かった軌跡をもとに書かれています。実践のなかで考え，行動し，そして多くの人の助けを借りながらまとめあげられました。本書を読まれた方によって，さらに豊かな実践に発展させていただけたらと願っています。

田上不二夫

目　　次

学校カウンセリングと教育コラボレーション

第1章

1　学校カウンセリングとは

1．学校カウンセリングが必要なわけ

　学校は子どもたちにとって魅力あふれるところです。級友との出会い，教師との出会い，学ぶよろこび，行事での級友との活動，部活動など，学校を卒業して何十年経ってもかつての級友と語り合える充実した共通の体験が詰まっています。

　しかし，すべての子どもたちにとって学校が魅力的な場所とは限りません。中には学校の存在そのものを苦痛だととらえる子どももいます。その理由のひとつは，学校が子どもの意思を反映してつくられた組織ではないことにあります。もし学校制度がなければ，同じ地域に住んでいる子どもたちが同じ場所に集まり，同じプログラムで1日の大半をともに生活する機会などないでしょう。学校では，子どもたちの年齢ごとに学年を分け，所属する学級が決められます。そして，子どもたちの学校生活に責任をもつ担任教師が決められ，学校のきまりに従って生活するように指導されます。級友も担任も子どもたちは自分で選ぶことができません。活動のプログラムも決められています。学年ごとのカリキュラムは統一され，文部科学省が定める学習指導要領は各学年の標準的な能力の子どもたちに照準を当てて作成されています。そしてそのカリキュラムに従って学級ごとに一斉に同じ授業が行われ，同じ課題が与えられます。授業を担当する教師も子どもたちが選べるわけではありません。

　学校もカリキュラムも子どもたちの健やかな成長のためにつくられています。しかし，子どもたち全体というあまりにも幅広い集団を対象にプログラムされているため，すべての子どもたちがそのカリキュラムに満足できるとは限りません。子どもの発達には個人差があり，標準的な成長を遂げていない子どもには，プログラムそのものが負担になることもあります。たとえば同じ学級で同じ授業を受けていても，知的能力が損傷されていたり，授業に興味がもてなかったりすると，授業内容を十分理解することが難しくなります。さらに集中力や勤勉性，忍耐力，家庭環境など多様な要因の影響から学力の定着にはいっそう個人差が生じることになるでしょう。

　子どもの立場から考えると，学習が理解できないのはそれだけで苦痛なことです。さらに，学級には勉強が得意な子どもたちもおり，一斉授業がおのずと級友との比較下におかれることも苦痛と負担を重くします。

　学級全体を統制する教師の立場では，その子どもの取り組みが全体の平均から外れていれば指導せざるを得ないという問題もあります。学習に限らず，技能教科でも部活動でも，課題の達成には必ず優劣がつき，そのようななかで，自己肯定感が得られず，劣等感を抱く子どもも出てきます。達成目標が設定され，子どもを評価する立場の教師は，その成果に対して公平に対応すればするほど，平均に及ばない子どもの有能感を損なわせてしまいます。

　そのようなとき，集団を対象にしたプログラムにうまく折り合えない子どもには個別の支援が必要です。子どもへの個別支援によって個人の問題解決を図りながら，集団への適応支援を行うことが求められます。学校カウンセリングは，個人と集団をつなぐ緩衝材として求められるといえるでしょう。

2.　学校カウンセリングの役割

　学校カウンセリングの目的は児童生徒個人の成長と学校環境への適応にあります（文部省，1965, 1971）。個人の成長促進にとどまらず，学校環境への適応を図るためには，子ども個人と子どもが所属する集団の両方を問題にしなければいけません。そのためには，支援でも複数の教職員がチームを組むことが求められるでしょう。

　集団の中で，ひとりの子どもに対する指導がうまくいかないとき，その問題はその子どもひとりにとどまらず，学級全体に影響を及ぼします。授業中，落ち着きのない子どもに教師が注意しても態度が改まらなければ，その子どもの立ち歩きや話しかけで学級全体が騒がしく落ち着かなくなってしまいます。なんとかおさめようとして教師が躍起になって注意すると，むしろ子どもは態度を硬化させて反発したり，ますますじっとしていられなくなってしまうことも少なくありません。すると，学級もますます騒然としてしまいます。このようなとき，担任はどのような支援を行えばよいのでしょうか。

　ひとつには，問題の核になる子どもへの個別支援が必要です。その子どもの問題が，もし発達障害にあるのなら特別支援教育からの視点が有効でしょう。もし，虐待などの傷つきをもっているのだとしたら，子どもへのメンタルケアと同時に家庭環境を調整することが求められます。しつけが不十分なのだとしたら，学校と家庭との協働が必要だし，教師への反発だとしたら双方への仲裁が必要です。学習が理解できず，その子どもにとって授業がつまらないと感じる結果なのであれば，個別の学習支援計画を考えなければいけません。そしてもうひとつには，その子どもが落ち着いて授業に取り組めるようになるための個別支援と並行して，学級全体が落ち着きを取り戻すための集団支援も必要です。学級で起きている問題を解決するためには，問題をもつ子ども個人と学級集団への支援が求められるのです。

　子どもへの個別支援は，問題の性格によって適任者が変わります。発達障害については特別支援教育コーディネーターが詳しいでしょう。虐待など心に傷があり，屈折した表現でしか自分を語れないとき，個人の偏りや歪みへの対応にはスクールカウンセラーが有用です。また，児童相談所など学校外の機関と連携するには生徒指導部の力が必要です。しつけが不十分で，乱暴な振る舞いをしているのであれば，校内での子どもの育て直しのためには養護教諭や心の教室相談員，学校支援助手など，個別に長時間対応可能なマンパワーが欠かせません。個別学習支援にあたっては，教務部や学習指導部の協力が役立ちます。学級集団への介入は，担任や教科担任など，深く学級と関わっている教師が適任です。

　また，子ども個人の成長にアンバランスがあるほど個別支援が重要な役割を果たします。子どもが学級集団の中で過ごせるように，バランスの立て直しが行われていないと，集団の中での適応支援を行うことができません。そして，学校生活への適応支援を行うためには，個人を学級集団と結びつけ，集団の中で成長を見守る継続的な支援が必要です。

　学校カウンセリングは，個人を対象にした相談室内でのカウンセリングだけで完結しないところに特徴があります。学校カウンセリングでは，不適切な行動を修正し，エネルギーを回復させるための個人への支援と，個人と集団をつなぎ，集団の中での成長を促進するための集団への支援の両方が必要とされているのです。

3. 学校カウンセリングの定義

　学校カウンセリングは，学校臨床の専門家である研究者や実践家によって，それぞれに定義されてきました。

　國分（1999）は，「学校カウンセリングとは，児童生徒が学校生活を送るプロセスで出会うであろう諸問題の解決を援助する人間関係である」と述べています。石隈（1999）は，「生徒が学校生活を通して発達していくプロセスで出会ういろいろな問題を解決するサービスである」と述べています。また小林（2007）は，「学校教育の中で，カウンセリングに関する最新の諸科学の理論や方法論を活用することを通して，学校内の教育活動を援助し，より円滑に進めること」と述べています。

　これら3つの定義は，いずれも大学でカウンセリング領域の授業を担当する心理学研究者によってなされています。そして，共通する特徴は，治療よりもむしろ予防教育に重点を置き，相談室での面接やカウンセリング技法の有無にこだわらず，教室や特別活動などあらゆる場面で子どもたちの発達を促進させる開発的カウンセリングの必要を説いていることです。

　ところが，学校現場で研鑽を積んだベテランの教育相談係の教師がとらえる学校カウンセリングは，予防教育より治療に重点が置かれています。たとえば長坂（2000）は，「学校カウンセリングとは，カウンセラーとして専任あるいは兼任の教師が学校内で，生徒，親，担任に対して行う治療的カウンセリングやコンサルテーションである」と述べています。

　この定義は，治療面接が行えるレベルまで専門性を獲得した教師によるカウンセリングが行われないと，深刻な問題状況に直面する児童生徒のニーズには応えられない（長坂, 2000; 栗原, 2001）という現実に即しています。学校現場での実践でたたきあげた教育相談係の教師たちが，理論と実践の道標として著した本（小泉, 1973a, 1990a,b;大野, 1997b; 栗原, 2001, 2003; 和井田, 2005a他）の多くには，教師がその本を読んで治療技法を独習できるような配慮が凝らされています。

　それでは，学校カウンセリングにおける治療と予防教育はどちらに重点を置くのが正しいのでしょうか。その答えは，どちらかを選択するのではなく，両方の共存こそ求められているに違いありません。治療面接ができて当然のプロのカウンセラーは，学校現場での問題解決過程に携わって，教師の予防的教育活動の意味を再認識し，開発的カウンセリングとして教師の実践を取り入れようとしています。プロの教師は，予防的教育活動を推進することがむしろ当然なので，それでもなお治療ニーズをもつ児童生徒を前に治療的カウンセリングの必要を再認識し，カウンセリングの治療技法を取り入れようとするのではないでしょうか。学校カウンセリングには，治療的カウンセリングと開発的カウンセリングの両方が備わっていることが求められるでしょう。

　本著では，「学校カウンセリングとは，児童生徒の成長と学校環境への適応を促進するための問題解決的な支援プロセスである」と定義します。

2　学校カウンセリングが機能するシステム

1. 学校カウンセリングが機能する児童生徒支援システム

　学校の中で問題が発生したとき，その問題が報告されるのは，多くの場合，該当児童生徒が所属する学級担任です。しかし，その問題解決の責任は学級担任にあるのでしょうか。担任だからといって，学級のすべての子どもと相性がいいとは限りません。もちろんその保護者との相性も同様です。そして，すべての学級担任が子どもの問題行動への対応を得意としているわ

けでもありません。

　子どもが呈する問題に担任がうまく対応できないとき，学校での対応はいくつかのパターンに大別できるでしょう。1つは，学級の児童生徒の問題解決は担任の仕事で，児童生徒の問題解決を通して担任は育つのだから，担任にこそやってもらわなくては困る，担任がんばれという責任の所在＝担任型です。2つめは，学年主任なども加わり，手を尽くしてみたが解決にいたらず，それにしても本人の資質や家庭環境に深刻な問題を抱えているのだからどうにも仕方がないという責任の所在＝本人・家庭型です。3つめは，子どもの問題が解決できないと担任から学年主任に，学年主任から児童生徒指導部や管理職などに問題が上げられて協議され，コーディネーター役の教師がスクールカウンセラーや外部機関などの支援資源を巻き込んで解決の手立てを探る責任の所在＝支援チーム型です。

⑴責任の所在＝担任型の場合

　問題解決は，担任が獲得している問題解決能力に依存しており，担任によって非常に大きな実力差があります。問題解決しない場合の多くは，問題に対する理解や対応に，支援者である担任のキャパシティを超える事態が起きており，同僚や学年主任からどんなに「がんばれ」と言われても問題解決にはいたりません。

　同僚や管理職に相談したら解決策が提供されるシステムが構築されていないと，担任は一人で問題を抱え込むことになります。そのようなときに未解決の子どもの問題を問われると，自分が責められているように感じるか，開き直るしかありません。追いつめられた担任がバーンアウトするケースもありますが，適切な支援方法が得られないまま，なりゆきにゆだねる場合も少なくありません。不登校の長期化は，まさにそのような問題の象徴ともいえます。多くの場合，担任に策が尽きると生徒の問題は解決にこぎつけることができません。

⑵責任の所在＝本人・家庭型の場合

　担任あるいは数名の教師が解決を試みたけれどうまくいかない場合，策が尽きると「これ以上手を出すことができない」「どうしようもない」理由として，本人や家庭の問題の深刻さが語られます。焦点が状況の深刻さに当てられ，問題の背景だけが語られて解決策の検討に及ばない場合は，「これ以上手を出すことができない」ため，生徒の問題は支援にこぎつけることができません。

　多くの担任は，子どもの問題解決が図れない場合，学年主任に相談します。それでもなお解決にいたらない場合に，学年主任が問題をどう判断するかで問題のなりゆきが決まります。学年主任が本人の資質や家庭の問題に付して「様子をみる」選択が続く場合も，担任が学年主任に相談する場面をシミュレーションして，無理だと諦めてしまう場合も，さらに学年主任を飛び越しては支援要請ができない場合も，問題に蓋をする選択がされがちです。とりわけ，管理職が学年の問題に介入せず，問題解決より担当者のプライドの保持を大切にしようという価値観をもっている場合は，校内にこのような事例が蓄積されがちです。

⑶責任の所在＝支援チーム型の場合

　担当者は問題を抱え込まずに，上位組織に相談して支援資源を増やしていきます。子どもの問題解決が図れない場合，担任は学年主任に相談します。担任と学年主任との協働で解決できない場合は，生徒指導部の児童指導主任・生徒指導主事や教育相談係に相談し，生徒指導部はじめ養護教諭やスクールカウンセラーなど学年部以外のマンパワーが投入されます。それでもなお解決にいたらない場合や，必要が検討された場合には，管理職を通して教育委員会に相談が持ち込まれ，教育委員会の支援資源であるスクールソーシャルワーカーやスーパーバイザーなどの学校外部のマンパワーが動員されます。担任→学年主任→生徒指導部→管理職→教育委

員会と，上位組織に支援要請が上がり，それぞれの立場で対策が検討され，それが協議されるので，ひとりの生徒の問題には多くの支援資源が投入され，試行錯誤が重ねられます。生徒の問題は，解決にいたるまで多くの支援者からさまざまな対応が得られます（中村・小玉・田上，2013）。このような問題解決プロセスで，生徒の学校適応と成長が促進されますが，形成された支援チームもまた，その役割適応と成長が促進され，校内支援体制が充実します。ひとりの生徒の問題解決のために試行錯誤し，チームで解決方法を探る児童生徒支援システムこそ，学校カウンセリングを支える基盤だといえるでしょう。

2.　児童生徒支援体制で求められる専門的な役割

　不登校，いじめ，子どもの無気力，低学力化と問題が山積する現在の学校には，スクールカウンセラーを活用した教育相談体制の変革によって学校そのものを活性化することが求められています（文部科学省，2002）。そのためには，「学校の機能が生かされ，さらにスクールカウンセラーなどの外部の専門家との連携が十分に機能する校内体制（文部科学省，2002）」を確立し，教職員のコラボレーションによって児童生徒支援に当たることが望まれます。

　学校カウンセリングとは，児童生徒の学校環境への適応と成長を目的とするものであり，相談室内のカウンセリングで完結するものではありません。学級集団への適応支援も不可欠で，それは，教師，スクールカウンセラー，相談員など教職員のチームで行われます。校内の児童生徒支援体制だけで問題解決しないときには，教育委員会や病院など学外を含めて，学校環境に与えられている支援資源を最大限に活用することがポイントです（岸田，2015；中村，2018，2019；中村・田上，2011，2018）。

　コラボレーションチームで学校カウンセリングを行うにあたり，共通理解が求められる内容を以下にまとめました。

カウンセリング

　問題を抱えている児童生徒の個人的，情緒的な問題解決を図る心理学を土台とした支援活動のことをいいます。学校におけるカウンセリングの目的は個人の適応と人格の成長です（文部省，1971）。治療的カウンセリングとは，すでに発生している個人の問題解決を目的とし，開発的カウンセリングとは，問題の予防を目的としています。支援技法には，個人を対象にしたもの（Hill，2004；福島・田上・沢崎・諸富，2004；かしま・神田橋，2006；内山・坂野，2008 他）と集団を対象にしたもの（Cowie & Sharps，1996；渡辺，2002b；國分・國分，2003；田上（編），2003，2007，2010；伊澤，2015 他）があります。

アセスメント

　個人とその問題を理解し，悪循環の背景をとらえるために情報を収集して問題を分析することをいいます。問題をどうとらえるか「見立て」とも呼ばれます。これはカウンセリングの根幹をなす重要な課題で，問題をとらえる視点に誤りや偏りがあると，問題解決にたどりつくのに難航します。

支援方針

　問題を分析するアセスメントと対をなし，問題を理解・吟味したうえで，その問題に対してどのように対応するかという具体的な方針です。

コンサルテーション

　ある問題に対する，専門家から別の領域の専門家への助言を指します。立場の異なる支援者間の対等な関係が基盤です（石隈，1999）。たとえば，スクールカウンセラーが教師に問題の分析を語るときや，教師がスクールカウンセラーに学級での子どもの傾向を語るとき，それは，

それぞれの専門的な立場から子ども理解を深めるためのコンサルテーションを行っています。コンサルテーションで問題にするのは，支援者としての役割上で扱われる問題です。支援者としての役割を担うとき，役割遂行上の問題以前に，支援者自身の偏りや歪みなどの問題があってうまく役割を担えない場合はカウンセリングとして扱われ，コンサルテーションの対象にはなりません。スクールカウンセラーが保護者との面接で，子どもを受け入れられない，問題に直面できない，子どもと対峙できないなど，保護者としての役割が担えず機能しないという問題を扱うとき，それはカウンセリングに該当します。保護者としての役割は担えているのだけれど，その問題について十分な理解や対応方法が得られず，うまく機能が果たせないという場合は，保護者という子どもへの支援者に対して，同様に子どもへの支援者であるスクールカウンセラーが異なる専門性からコンサルテーションを行うことになります。また，保護者の行動観察や洞察を情報源にスクールカウンセラーが子どもの様子をとらえるとき，保護者はスクールカウンセラーにコンサルテーションを行っています。このように支援者間で双方向に行われるコンサルテーションを相互コンサルテーションともいいます（石隈・田村, 2003）。相互コンサルテーションは，保護者，教師，スクールカウンセラー間では頻繁に行われます。コンサルテーションを行う人をコンサルタント，受ける人をコンサルティーと呼びます。

スーパービジョン

同じ専門性や役割をもつ専門職どうしで，支援に関する問題について上級者が行う指導・助言のことをいいます（石隈, 1999）。学年主任や生徒指導主事などが，先輩教師として担任に学級経営のあり方について助言したり，家庭訪問の方法を指導したりするとき，スーパービジョンと称されます。問題を抱える生徒からの話の聞き方について，同業種間の教師から教師に指導・助言を行う場合はスーパービジョンと呼びますが，同じ問題を扱っていても，スクールカウンセラーと教師は異なる専門職なので，その場合はコンサルテーションが行われていることになります。スクールカウンセラーが新人のスクールカウンセラーに支援方法を助言するのはスーパービジョンです。コンサルテーション同様，スーパービジョンで問題にするのは，支援者としての役割上の問題で，役割遂行以前に支援者自身の問題がある場合はカウンセリングとして扱われ，スーパービジョンの対象にはなりません。スーパービジョンを行う人をスーパーバイザー，受ける人をスーパーバイジーと呼びます。

コーディネーション

児童生徒への支援プロセスで，問題解決に必要な学校内外の支援資源を選択して結びつけ，支援資源どうしが連携できるように目的達成的に調整することです。支援プロセスでの最大の資源はマンパワーです。コーディネーターにまず求められるのは，その問題に対する正しい理解と解決方法の選択です。そして，学校内外の誰がどのような資質をもっていて，どのような場面でどのような能力を発揮できるか，困ったらどこに助けを求めればよいかなどを把握し，各資源を問題解決のための戦力として活用します。コーディネーターには，状況と支援資源を的確に結びつけ，問題によっては資源を開拓する力が要求されます。

3 教師とスクールカウンセラーのコラボレーション

1. 教師からみた「スクールカウンセラー活用」の効用

さて，「スクールカウンセラー活用事業」という名称が，スクールカウンセラーを学校に導入している文部科学省の事業名です。「活用」といわれて人権を尊重されていると感じるスクールカウンセラーはきっといないでしょう。しかし，この大胆な命名から，児童生徒への支

援の主体が学校の教師であるという意図がよく伝わってきます。学校にとって，スクールカウンセラーとは，教師にとっての活用可能なツールのひとつだと考えれば，活用ということばをあえて使った意味が理解できるようにも思われます。

　S先生は，筆者の勤務校のひとつの小学校長でした。S先生は1990年頃から，教育相談係として，問題を抱えた子ども支援の中心的な役割を担われてきました。小学校での要支援児童を洗い出し，毎月の教育相談会議を開きました。会議では，各児童にどのように支援していくかの個別支援計画を作成し，教師間の役割分担をしました。心身症や神経症など，担任の理解を超える子どもや，学校とうまく関係がつながらない保護者との面談は，教育相談係のS先生のところに集まるようになりました。

　担任として学級経営に力を入れ，児童や保護者相談もこなしてきたS先生でしたが，教育相談係として個別面接を手がけてみると，担任が力を尽くしてなお軌道に乗らない難しい事例にどう手を出してよいものか途方にくれることの連続でした。解決の手がかりを求めて，教育相談・学校カウンセリングの研修や研究会には足しげく通いました。研究会は休日でしたが，そこに通う同志の仲間の存在を励みに，土日の多くを費やしました。それは，自分の担当が教育相談係で，問題解決を阻まれた担任や保護者が相談にやってくるから，なんとかして建設的な解決方法を模索したい，その一心から生まれた行動でした。事例研究会では，他の学校の事例発表からも多くの学びが得られますが，何よりも自分のケースにカウンセリングの専門家から助言を得られる機会は本当に貴重でした。教育相談研修の企画では，カウンセリングの専門家を講師に招き，校内の事例研究会も開きました。苦戦するケースも，相談領域の専門家の視点を加えて新たな切り口から対応すると手応えが感じられ，問題解決の見通しが立つこともしばしばです。難航する事例が解決に向かうにつれて，学校全体の教育相談の取り組みに求心力が高まるのが実感できました。その頃S先生は，学校の中に助言を求められる専門家がいてくれたらどんなに心強いだろうと何度も思ったそうです。

　S先生は，難事例に出会うたび，担任がひとりで背負わなくてもいいように，学校課題として協働体制で解決に当たるように配慮を重ねました。そのうち，S先生が声をかけると，ひとりの児童のために，学校中の教師が協力してくれるようになりました。S先生が教育相談係を担当して3年後，気がつくと不登校児童はひとりもいなくなっていました。公営団地が集まり，不登校率が全国平均よりずっと高い地域にある小学校でのことでした。

　やがて，S先生は管理職になり，教育相談係とともに校内で膠着している問題についての事例研究会を企画し，スクールカウンセラーを招きました。スクールカウンセラーからのコンサルテーションは効果を発揮しました。難航していた問題が解決に向かうことで，教師の意識が高まっていく手応えが感じられました。

　S先生は，かつて教育相談係として，校内でのカウンセラー役を担っていた数年間，相談技術を学ぶための方法論を求めて休日開催の研究会に通いつめました。問題がなかなか解決に向かわないとき，事態が手にあまる深刻な状況のとき，スクールカウンセラーが校内配置されていなかった時代の学校では，リファーしようにもリファーの相手が得られなかったのです。そのため，S先生はじめ教育相談係を担う教師たちが，研修や本に学びながら，手探りで子どもや保護者の面接を行う以外，問題と対峙する道はありませんでした。

　S先生が仲間の教師たちと悪戦苦闘した時代とは異なり，1995年からスクールカウンセラーが学校に配置されるようになりました。教師だけでは問題解決の糸口がつかめない事例を抱えたとき，スクールカウンセラーから簡単にコンサルテーションが得られるのです。学校で働く専門職として，教師だけでなく心理職が加わり，子どもや保護者のカウンセリングを依頼でき

る時代がやってきたのです。

2. スクールカウンセラーからみた「教師活用」の効用

　スクールカウンセラーからみた教師もまた，重要な支援ツールとして存在します。

　相談施設でのカウンセリングはクライエントとカウンセラーとの1対1の関係の中で成り立ちます。この場合，支援者はカウンセラー以外には存在しません。ところが学校では，教師が子どもの支援者としてすでに存在し，そこにスクールカウンセラーが加わるので，複数の支援者でチームを組めるのです。カウンセリングの流れは，①アセスメント（問題分析），②支援方針作成，③支援，④モニタリングですが，そのいずれの過程においてもカウンセラーと教師は協働支援者として重要な役割を果たします。

　相談施設においては，カウンセリングの情報源は，唯一クライエントなので，カウンセラーはクライエントの話だけから問題を理解することを求められます。そのため，カウンセラーは多様な場面での認知や反応について質問し，環境とクライエントの相互関係を多面的にとらえようと努力します。しかし学校には，子どもの行動観察を行っている教師がすでに存在しているので，子どもの問題について教師から必要な情報が得られれば，仮に本人との面接が得られなくても子どもの問題をとらえることが可能です。

　また，支援プロセスでは，支援されるクライエント側の問題と併せて，支援する側の問題を問わなければ，客観的な支援環境がつかめません。子どもへの直接的な対応や学校の支援体制についても，教師は重要な情報源です。さらに，支援方針の作成にあたっても，教師が子どもの性格や傾向，家庭環境などを把握していると，子どものタイプにフィットした方針を考えることができます。

　学校でのカウンセリングの特徴は，支援チームに教師が存在することです。教師は子どもにとって重要な学校環境そのものなので，教師の積極的な協力が得られれば，支援環境を飛躍的に変化させることができるのです。学校環境との折り合いを問題にする事例であるほど，相談施設より学校でのカウンセリングの方が高い支援効率が期待できるでしょう。教師とチームを組み，学校内のマンパワーを縦横に活用できれば，相談施設でのマンツーマンのカウンセリン

表 1-1　相談施設と学校でのカウンセリングの違い

	相談施設	学校
支援者	カウンセラー	教師，養護教諭，相談員，友人，カウンセラー
情報源	クライエント	クライエント，教師，養護教諭，相談員，友人
アセスメント	カウンセラーがひとりで行う	カウンセラーと教師が協働で行う
支援方針	カウンセラーがひとりで作成する	カウンセラーと教師が協働で作成する
モニタリング	支援経過を追って，カウンセラーとクライエントが行う	支援経過について，クライエントだけでなく，複数の支援者によって多様に行え，多角的な判断ができる
環境調整	・来談者以外の人にはクライエントを通した間接的調整を行う ・クライエントの同意が得られれば電話などで直接調整を行えるが，同意が得られなければ連絡しない	・学校環境については，直接調整できる ・校内にコーディネーターがいれば，コーディネーターがマンパワーや別室登校の設定などを調整して支援環境を整えてくれる ・家庭環境については，保護者の来談が得られれば直接調整できる。問題意識を揃えることで，保護者も支援方針作成やモニタリングの重要な協働支援者となる ・学校環境と家庭環境を同時に調整できれば，子どもの環境全体が変化するので，子どもにも変化が起こりやすい

グより，はるかにダイナミックで手厚い支援を行えることはいうまでもありません。

　問題解決に向けて状況が好転しているかどうかというモニタリングも，相談施設では，カウンセラーがクライエントに確認しながら行うため，クライエントの主観や解釈の影響は排除できませんが，学校では複数の支援者で観察できるので，より客観的に行うことができます。

3. 教師とスクールカウンセラーの協働

　S先生は，学校不適応の児童の問題解決を学校経営の柱に据えました。児童個人の学校不適応は，個人的な問題のうちに解決しないと学級レベルの問題になり，さらには学校レベルの問題にも発展して，学校危機を招くことになるからです（和井田，2005b）。そこでS先生は，毎週スクールカウンセラーの勤務日の4時間目に，要支援児童の支援対策会議を開催することにしました。まず，コーディネーターの教育相談係が各担任に呼びかけて，学校適応に困難を抱えている児童を洗い出しました。そして火曜日の4時間目に，校長，教頭，コーディネーターと担任，スクールカウンセラーが，児童の問題をどうとらえ，どう支援していくかについて話し合い，支援計画を練るのです。こうして，学校中の事例を網羅できるようにスケジュールが組まれました。

　対策会議では担任が事例を報告します。それに対する質問や意見などをメンバー全員でやりとりするうちに，子ども自身の問題，家庭環境の問題，学校環境の問題と洗い出され，悪循環をつくっている要因についての理解と整理が進みます。問題の改善策について，スクールカウンセラーは個別支援の立場から，コーディネーターと教頭は学級経営の方法や学校環境の中にある支援ツールの活用について担任に助言します。その対策会議の運営には，コーディネーターを教育相談の核として育てたいという校長の意図も込められていました。

　子どもや保護者へのカウンセリングが必要だと判断されるケースでは，スクールカウンセラーがカウンセリングを担当しました。教師も支援技法のバリエーションを身につけてほしいという校長の意向から，保護者面接は担任とスクールカウンセラーが協働しました。面接場面では，普段子どもとも学級とも接点のないスクールカウンセラーが状況を理解するために，担任や保護者にいろいろ質問を投げかけます。そのやりとりを通して，保護者は学校での，担任は家庭での子どもの様子を具体的に把握し，三者の問題意識が揃いました。学校と家庭での子どもの問題が具体的に整理されると，学校，家庭での課題と役割分担も明瞭になります。担任と保護者は，それぞれの立場の苦渋や努力を再認識し，ともに支援者として協働する絆を深めました。問題が改善に向かい，保護者面接の方向が定まってからはスクールカウンセラーがフェードアウトし，担任と保護者の面接や電話相談が継続するケースもみられました。

　毎週定例で開催される対策会議で，担任は支援方針どおりやってみてうまくいったこと，なお苦戦していることを語りました。ひとつのケースが解決すると，実は気になっている別のケースが持ち込まれるようになりました。こうして対策会議では，発達障害，基本的生活習慣の未獲得，学力不振，対人関係のきしみ，虐待など，学校中でのほぼすべての問題が対策されました。検討会議の内容は，問題解決のための個別支援計画から，児童の適応感をより高めるためのクラス遊びなど，予防的・開発的な集団活動の企画に変化を遂げていきました。扱われる内容によって，助言者はスクールカウンセラーだったり管理職だったりコーディネーターだったり，役割も柔軟に交代しました。

　対策会議で，S先生は一貫して問題解決的な方向づけを行いました。実際にその子どもへの支援を行うメンバーが集まって，アセスメントと支援方針を揃え，各人に具体的な役割分担を与えられることが学校を活性化させました。支援チームは，問題がどんなに深刻でも，力を合

わせて手立てを考えれば打開策が見つかり，そして解決できることを実感しました。S校長は，スクールカウンセラーもまた学校経営にとって有効な支援ツールだと確信を深めました。

4　児童生徒支援体制のシステムとコラボレーション

1.　学校カウンセリングの中心的担い手

　文部科学省（2004）のスクールカウンセラー活用は，「児童生徒の不登校や問題行動等の対応のため，『心の専門家』による教育相談体制を整備することを目的としており，すべての学校にスクールカウンセラーを中心とした日常的な教育相談体制を整えていく」ことを掲げています。そして，平成20（2008）年度からはスクールカウンセラーの全校配置が推進されてきました。

　しかし，スクールカウンセラーは非常勤採用でしかなく，教育相談体制の中心を担うことなどできません。現状のスクールカウンセラー制度は，1学校に対して1週5〜8時間，年間35週以内という雇用条件があります。文部科学省の予算の縮小につれて，勤務時間も減少している実情でもあります。

　配置校を拠点に1人のスクールカウンセラーが複数の学校を担当する拠点校制を取り入れている行政区では，実際にスクールカウンセラーが1学校に勤務できるのは，2校を担当すればおおむね2週間に1日，3校を担当すればおおむね3週間に1日程度です。スクールカウンセラーの立場にしてみると，何校担当しても1校あたりの相談需要が減るわけでなく，各校でプールされたケースを勤務日ごとにこなさなければならないので，担当校が多いほどスケジュールが圧縮され，相談室から外に出る余裕もありません。ところが学校の立場からみると，スクールカウンセラーは多くても1週に1度，少ないところでは年間10回程度の頻度でしか学校にいてくれません。そして勤務日に教師が話しかけたくても，スクールカウンセラーは相談室にこもっていて接触するチャンスがなく，教師の身近で力になってくれる存在とはとてもいえないのです。スクールカウンセラー個人がどんなに優秀でも，問題発生時に不在の確率が高い存在を教育相談体制の中心にすることなどとうていできないでしょう。

　校内体制や日常の学校の動きとは無縁で，ときどきしか出勤しないスクールカウンセラーが孤立したり，何をしていいかわからなかったりすることは実際にありがちで，忙しい学校の中ではむしろ当然のようにも思われます。しかし，そのスクールカウンセラーが有効に活用され，学校の教育相談体制を促進している例も確かにあるのです。それは，受け入れる学校の教師がスクールカウンセラーをどう活用するか明確な意図と計画をもち，勤務頻度の低いスクールカウンセラーの働きを学校経営にうまく組み込んで，協働（コラボレーション）に活路を見いだした結果だといえるでしょう。

2.　コーディネーターの役割と教育コラボレーション

　コラボレーションとは，異なる立場の専門家が対等な立場で同じ目標や問題解決に向けて共同作業を行うことをいいます（小澤，2003b）（第4章を参照してください）。教師とスクールカウンセラーもまた，それぞれに「児童生徒の成長と学校適応を促進する」という同じ目標をもち，児童生徒の問題解決に向けてチーム支援を行います。

　文部省は，平成7（1995）年のスクールカウンセラー活用調査研究事業の立ち上げから一貫して，スクールカウンセラーと学校の教育相談体制を結びつけるため，配置校に教育相談コーディネーターの人選を課しています。教育相談コーディネーターとは，スクールカウンセラー

に対して相談予約の受付をはじめ，勤務日のスケジュール調整など，校内での業務全般のマネジメントを行います。いかにも単純な仕事にみえますが，コーディネーションの巧拙は学校の問題解決能力全体に多大な影響を及ぼします。なぜなら，スクールカウンセラーの予約の調整を行うということは，校内支援体制の中にスクールカウンセラーを組み込んでチーム全体を動かさなければいけないからです。そのためには，校内で起きている問題を網羅し，それぞれの問題について，スクールカウンセラーの活用が有用かどうかを判断し，さらに校内支援体制全体とどのように結びつけて動かすかをイメージできなければいけません。

　一方，スクールカウンセラーの勤務は多くても1週に8時間しかありませんから，依頼される事例の面接予約の前に都合よく担任に空き時間があるとは限りません。スクールカウンセラーも予約が多いほど担任と情報交換する時間がありません。そのため，コーディネーターは依頼する事例について，どのような子どもにどのような問題が起こっていて，学校ではどうとらえどう対応しているか，スクールカウンセラーにはどのような役割が期待されているかなどを事前に把握し，情報提供することが必要です。スクールカウンセラーの面接後は，その内容や見立てを担任や関係職員に伝える役割を担います。また，スクールカウンセラーの介入後，事例の展開にどのような変化があったのか，あるいはなかったのかなどは，支援に直結する大切な情報なので，コーディネーターが事例の展開や校内での子どもの様子について把握していることが不可欠です。問題の状況が十分に把握できていると，スクールカウンセラーとの情報伝達についてもコーディネーターが中立ちして伝えた方が効率よく進むのか，担任や学年主任と直接情報交換する方がよい状況になるのか，管理職も交えて会議を企画するべき事態なのかなどの判断が適切に行えます。

　コーディネーターが的確に問題や状況をとらえ，問題解決的な調整を行えると，校内の問題はコーディネーターに集約するようになり，校内のチーム支援体制がつくられていきます。しかし，校内の問題を十分把握できていなかったり，問題を理解する知識や素養に欠けていたり，この事例はこうあるべき，もしくはこうあってはならないなど他の意見を受け入れない柔軟性に欠けるパーソナリティだったりすると，コーディネーターのところに情報が集まりにくく，チームで問題解決を図ろうという校内支援体制がなかなか実現できません。

3．校内支援体制と教育コラボレーション

　文部科学省の第4回不登校問題に関する調査研究協力者会議（文部科学省, 2002）では，スクールカウンセラーを活用した教育相談体制の変革そのものが学校を活性化することが提言され，そのような体制ができていない学校では，仮に同じスクールカウンセラーが配置されても，教育相談体制が整った学校に比べるとスクールカウンセラーの支援機能が半減するという問題が提起されました。論議の結果，「学校の機能が生かされ，さらに，スクールカウンセラーなどの外部の専門家との連携が十分に機能するシステムの確立が必要である」という方向づけがなされました。

　「学校の機能が生かされる」児童生徒支援システムとはどんなものを指すのでしょうか。問題をもつ児童生徒に直接支援をする学校での中心的な役割は，なんといっても担任教師でしょう。実際，日常的な担任の指導や支援によって児童生徒の多くの問題が解決に導かれています。しかし，問題によっては，担任だけでは十分な支援が行えない場合も少ないわけではありません。そのようなときの成否を分けるのは，学校での児童生徒支援体制がどのように整えられているかという問題です。

　校内支援体制としての構成が求められる役割には以下のものがあります。担任が子どもとの

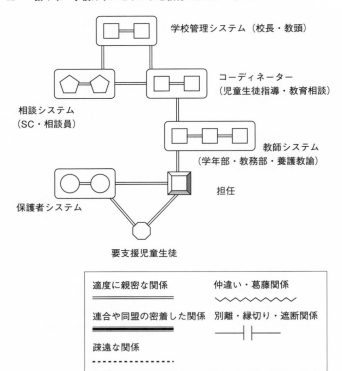

学校管理システム（校長・教頭）

コーディネーター
（児童生徒指導・教育相談）

相談システム
（SC・相談員）

教師システム
（学年部・教務部・養護教諭）

担任

保護者システム

要支援児童生徒

適度に親密な関係	仲違い・葛藤関係
連合や同盟の密着した関係	別離・縁切り・遮断関係
疎遠な関係	

図1-1　児童生徒支援システムモデル

関係に行き詰まったとき，担任をケアし，サポートする学年部の役割。問題意識を共有し，学年部とともに対策を考える生徒指導部の役割。問題をアセスメントし，方針を示して支援の道筋をつくるスクールカウンセラーの役割。支援方針から教師やスクールカウンセラーの役割を調整し，チームとして協働の道筋をつくるコーディネーターの役割。担任はじめ支援者をさらに支援する教務部や養護教諭の役割。そして支援体制そのものをバックアップし，方向づける管理職の役割です。図1-1に学校での児童生徒への支援体制をまとめました。管理職が児童生徒の問題解決のために校内支援体制をどのように位置づけ，育てるかでシステム確立の成否が分かれます。学校組織は可変的で，そのシステムは管理職のビジョンとリーダーシップに規定されて育つのです（文部科学省，2002）。学校組織がうまく機能しないときは，管理職を方向づけて指針を与える教育委員会の役割が問われるでしょう。

　教師やスクールカウンセラーが児童生徒の問題解決のために協働し，その学校適応と成長を促すことこそ教育コラボレーションの意義であり目的です。学校カウンセリングとは，児童生徒を直接間接に支援できる教職員それぞれがそれぞれに相互影響し，支え合う有機的な児童生徒支援システムだといえるでしょう。

4.　マンパワーが相互影響する児童生徒支援システム

　システムとは，いくつかの条件が相互影響してひとつの集合体をつくっているもののことをいいます（von Bertalanffy, 1968；Kantor & Lehr, 1975）。システムの特徴は，部分の集合体でありながら，それぞれの機能が組み合わされて全体としての目的達成的な機能を成していることです（森，1968）。

　たとえば，時計の部品それぞれを化粧箱に美しく並べたからといって，時計の機能を果たすわけではありません。時計として機能するように部品を組み合わせるから，時計は時計としての機能を果たすのです。これがシステムの第一の特徴です。全体の機能は，部分をどう組み合わせるかで決まります。

　また，第二の特徴として，部分に分解して考えることができないものをシステムとはいいません。機能を分析するためには，部分に分けて考えることが必然かつ最善です。しかし，だからといってすべての部分を理解すれば全体がわかるわけではないのです。システムとは部分が相互影響する集合体です。したがって，部分どうしの組み合わせのバランスによってはむしろマイナスに作用し，足し算の機能さえ果たせないこともあります。しかし，組み合わせによっ

ては，相乗効果から累乗倍の機能が生まれ，設計者の意図を超えるほどシステムの機能が高まることもあるのです（森, 2001）。

　時計などの機械システムは，システムの内部をたどれば問題の原因を探ることができます。それは，機械システムには環境との有機的な相互作用が存在しないからです。家族，学校組織など生き物がつくり出す生態システムは，環境との相互作用を持ち，常に環境との相互影響を繰り返しています。家族全体をひとつの家族システムととらえた場合，家族システム内の一人の動きや発言は，そのシステムのすべての人々に連鎖的に影響を及ぼし，さらに一回りしてまた本人に影響が及ぼされます。その影響は円環的相互作用によって成り立っています。個人は環境に影響を及ぼし，環境もまた個人に影響を及ぼすため，システム理論では，個人と環境のいずれかに変化を与えられれば，やがて相互影響を受けて個人も環境もどちらも変化を遂げるのです（Barker, 1981）。

　学校での支援体制を構成するマンパワーもまた，それぞれにさまざまな影響を及ぼし合う生態システムだといえるでしょう。たとえば，問題をもつ子どもと担任の相性が悪く，緩衝地帯が必要な場面を考えてみます。学年主任が担任をサポートして子どもへの支援者役を担えれば，担任は学年主任に支援方法を学び，次は自ら解決に当たろうとも努めるでしょう。しかし，学年主任からそれは担任の仕事ではないかと責められたら，学年主任には相談したくなくなるでしょう。学年主任との関係がうまくいかないまま担任が対応に行き詰まると，学年部からの生徒への支援は途切れてしまいかねません。そのようなとき，学年を超えて生徒指導主事・児童指導主任や教育相談係が担任のサポートとして子どもとの関係を補い，学年主任ともつなぐことができればどうでしょうか。担任が行き詰まる前にサポートが得られるので，子どもへの支援は途切れず，担任も新たな対応の方法を学んでステップアップすることができます。条件が悪い深刻な事例であっても，問題解決を目指して各人が力を合わせれば，困難の打開は不可能ではありません。ポジティブに機能してチームを活性化しようとするメンバーがいると，そのパワーに触発されてチーム全体の問題解決能力は円環的に高まります。逆に，独裁的で支配的なメンバーや，やる気のないメンバーがチーム全体の士気を削ぎ，円環的に問題解決を阻むこともあります。

　校内支援体制では，それぞれのマンパワーが相互に影響し合ってひとつのシステムを成しています。校内支援体制の問題解決能力は，個人ではなく，チーム全体の力が問われるのです。

5　学校カウンセリングが機能する児童生徒支援システム

1. 教育コラボレーションによる不登校生徒への支援
級友から孤立して不登校に陥ったAさん

　Aさんは，小学校高学年の頃から，級友との関係がうまくかみ合わないと感じ続けていました。趣味は小説を読むことで，ゲームにもアイドルにもあまり興味を感じず，級友との共通の話題を楽しむことができませんでした。学級の中では，ともに行動できる特定の友達がおらず，居心地の悪さを感じながら，休み時間はひとりで本を読んで過ごしていました。級友はAさんのことを「サッカ」と呼び，「サッカは凡人のすることに興味がもてないよね」と，Aさんを活動の輪の外に位置づけているようです。中学1年の秋，女子が奇数だということもあり，遠足のバスで1人の席に座ることになったAさんは，遠足の朝，腹痛で起きられなくなりました。

　病院では異常がないといわれるのに，朝になると1週間以上不調を訴え続けるAさんに，

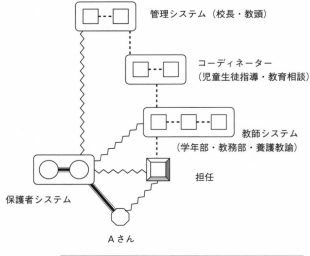

管理システム（校長・教頭）

コーディネーター
（児童生徒指導・教育相談）

教師システム
（学年部・教務部・養護教諭）

担任

保護者システム

Ａさん

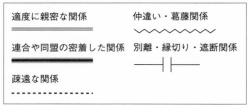

適度に親密な関係	仲違い・葛藤関係
連合や同盟の密着した関係	別離・縁切り・遮断関係
疎遠な関係	

図1-2　不登校に陥ったＡさんと校内支援システム

両親は，学校で何かあったのだろうと担任に相談しました。ところが担任は特に心当たりがないといいます。

2週間たってようやく登校したＡさんは，帰宅するなり泣き出し「明日から学校に行かない」と言いはりました。授業中，欠席していた分の宿題の提出がないことを教師に指摘され，数名の女子が「サッカだから」とあざ笑ったというのです。成績優秀で読書家のＡさんを誇りに思う両親にとって，それはいかにも配慮に欠ける屈辱的なできごとでした。担任に相談すると，「そんなことは気にしすぎずに学校に来るように言ってください」とあしらわれます。学年主任も同様です。校長は「担任によく言っておきますから」と好意的ですが，それ以上に何が変わるわけでもありません。教師たちは，「これくらいのできごとは乗り越えて，もっと強くなり，周囲に歩み寄ってクラスと仲良くできるような成長の機会にしてほしい」と思っていました。

　翌日からも依然欠席が続くＡさんを担任が家庭訪問し，社交性の低さを指摘し，もっと周囲に合わせてうまくやっていくように努力を促しました。担任の帰宅後，Ａさんは半狂乱になり，二度と担任に会いたくないと泣きました。両親からみて，「サッカだから」という級友のあざけりは，いじめなのではないかと，とても心配です。そしてそのような孤立は以前からずっと続いており，Ａさんは我慢し続けてきたというのです。しかし，担任は「気にしすぎ」だといい，学級の人間関係に調整を加えないばかりか，Ａさんの社交性の低さを責めるのです。両親は校長に翌年度の担任交替の配慮を頼み，1年生の間はＡさんを登校させないことにしました（図1-2）。

学校とスクールカウンセラーの役割分担による再登校支援

　2年生に進級し，Ａさん一家の祈りに反して，担任と学年主任の交替はありませんでした。両親は困惑して学校を訪ねました。対応したのは新しく赴任した教頭でした。教頭は両親の話を聞き，当面事態を落ち着かせるまでは学校外の力を借りようと，市の教育委員会に所属するスクールカウンセラーを紹介しました。

　両親は2週間に1度，市の相談室を訪ねることになりました。スクールカウンセラーは両親との面接で学校への不信と不全感を受け止め，Ａさんへのサポートと心労をねぎらいました。両親は落ち着きを取り戻し，不登校にいたる経過についての話し合いの中で，Ａさん自身にも級友と折り合おうとしない態度が否めないこと，イヤなことはすぐに切り捨てようとすること，さらにそれが両親自身の人間関係のつくり方とも関係していそうなことを理解しました。

　Ａさんは，自分の気にいらないことがあると，母を攻撃したり口をきかなくなったり，わがままが目立ちました。両親は，家庭での日常会話の中でＡさんの思い込みの強さや一方的な話しぶりを指摘し，Ａさんの行動修正に努めるようになりました。Ａさんは，そんな両親

にむしろ信頼を寄せ，母とおしゃべりを楽
しんだり，買い物に出かけたりする機会が
増えました。両親は以前よりも娘と親密な
関係になったように感じました。

　一方，教頭は，生徒の問題行動に対して
生徒自身や保護者の養育態度に原因を付
し，サポーティブになろうとしない職員全
体の問題点をとらえていました。教頭は校
長に諮り，学年部に現状でできるサポート
を考えてもらうことにしました。学年部で
は，生徒が帰宅後の夕方から夜にかけて学
習支援を行うことを提案し，Aさんの登
校を誘いました。学習の遅れを気にかけて
いたAさんは，級友が誰もいない状況で
あることを何度も確認し，夕方1時間だけ
相談室に登校することにしました。相談室
は，学級環境から別棟にあり，職員玄関か
らなら人目につかずに出入りが可能でした。

　夕方1時間の登校は軌道に乗り，1ヶ月
が過ぎました。Aさんは，学校とつながっ
て不登校に対する自責から解放されて不安

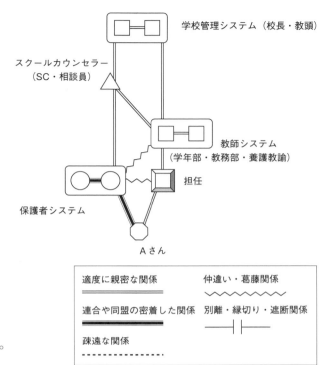

図1-3　Aさんへの支援開始時の校内支援システム

がおさまり，家庭では食欲も旺盛で明るく元気に過ごせるようになりました。両親が語る家庭
生活の安定ぶりから，ステップアップが可能な状況になったとカウンセラーはとらえました。
夕方登校にとどまらず本人の新たな決意を促す働きかけをした方がよいのではないかと，次の
ステップとしてスクールカウンセラーは担任と学年主任に日中登校を提案しました。

　ところが，学年主任は，現状のAさんは毎日登校できており，学校と保護者の関係も良好
であることから次のステップに乗り気ではありません。現状は，ようやく得た平穏でもあるの
で，あまり急ぎすぎず，もう少し様子をみて善後策を考えるという回答でした。しかし，それ
から1ヶ月以上たっても学年主任の変化はみられませんでした（図1-3）。

　学校外での相談室で，両親面接によって進展させられるのは，両親のクールダウンによって
子ども自身が経過を冷静に振り返り，学校との折り合いの糸口を考えられるようになるところ
まで。それが限界だとスクールカウンセラーは思いました。そしてそこまではすでに展開して
います。両親は，本当は日中登校できたらうれしいが，毎夕面倒をみてくれる担任や学年主任
にこれ以上の要求はできないといいます。スクールカウンセラーは教頭に応援を仰ぎました。

教育コラボレーションによる再登校支援

　校長のはからいから両親面接に教頭が加わることになりました。現状のAさんについて，
次のステップに踏み切るタイミングにきていると，両親，教頭，スクールカウンセラーの意見
が一致し，本人に日中登校を決意してもらう算段が立てられました。

　両親との面接後，毎回教頭とスクールカウンセラーは今後の支援方針について話し合い，学
校とスクールカウンセラーの具体的な役割分担を計画しました。

　役割分担の結果，教頭は夕方登校するAさんにそろそろ日中登校できるようになってほし
いことを伝えました。Aさんは，「サッカ」とひやかす級友には耐えられないけれど，級友と

の接点がなければ日中も学校には来られそうだと言います。Aさんと教頭の話し合いに担任も加わり，級友と接点をもたない学校での過ごし方が検討されました。Aさんは，3時間目が始まってから直接相談室に登校し，4時間目が終わる前に下校することになりました。その時間に授業が予定されていない学年主任が学習支援を行いました。級友の侵入がないことで，Aさんの登校は抵抗なく拡大され，朝から給食をはさんで午後まで過ごせるようになりました。

　生活の変化から，Aさんは不機嫌になったり，級友と顔を合わす不安を訴えたりしましたが，家庭での変化は両親面接でカウンセラーが受け止め，両親が不安になったりAさんを刺激したりしないように助言しました。

　教頭は，別室登校のAさんへの支援と並行して担任をサポートし，Aさんを受け入れるサポーティブなムードの学級づくりに乗り出しました。「サッカ」と呼ばれて傷ついているAさんの心情を学級に伝え，級友の問題意識を喚起しました。級友の言い分も聞けるように，小グループに分けて担任とともに教育相談を行いました。学級では級友の半数以上が，言いたいことを不遠慮に言い放つ数名のことばに傷ついた経験をもっており，数名への指導は学級経営上不可避であることもわかりました。そこで，学級全体の問題は学級に戻し，担任と教頭を交えて再度学級全員での話し合いが行われました。女子だけの話し合いも行われ，学級の中でのAさんの居場所が模索され，Aさんのサポートグループがつくられました。

　教頭は，Aさんに逐一経過を伝えました。Aさんは，サポートグループの女子3名を受け入れ，給食や休み時間をともに過ごすようになりました。サポートグループの誘いで担任の教科だけ教室に復帰し，その後，学年主任の授業にも復帰しました。こうして1ヶ月後には完全に教室復帰を果たしました。

　それ以来，欠席なく無事卒業を迎えたAさんは，教室に復帰した中学2年の後半以降の学校生活での充実感が最も高かったと教頭に語りました。両親が安堵したことはいうまでもありません。

2. カウンセラーによる学校カウンセリングの限界

　Aさんの事例でもわかるように，学校カウンセリングでは，カウンセラーだけがいくらがんばってもだめなのです。

　Aさんの事例で，教頭が両親をスクールカウンセラーに紹介したのは，両親の学校不信に手当てするためには校内体制の立て直しが必要だと感じたからでした。教頭は，校内体制を立て直している間，学校外の相談室でスクールカウンセラーが両親の感情を落ち着かせ，Aさんの現状が再登校を促せる状態かどうか見極めてほしいと依頼しました。

　その相談室で，Aさんの両親は，担任と学年主任の交替を校長に訴えたのに聞き入れられず，とどのつまりAさんが登校できないのは学校の責任ではないかと怒りをぶつけました。スクールカウンセラーは両親の言い分を聞いて怒りを鎮め，その一方で集団と折り合えないAさん個人の問題を土俵に上げました。両親は，イヤなことは切り捨て，折り合おうとしないAさんの問題と，担任や学年主任を切り捨てようとした自分たちの姿勢を結びつけ，娘の言い分を聞き過ぎてわがままに育てた養育環境を振り返りました。

　保護者へのカウンセリングに並行して，学年部主導でAさんへの夕方1時間の学習支援体制が整いました。学年部が，生徒の下校時刻後Aさんに学習支援を行うという計画を考えたとき，保護者はスクールカウンセラーとの面接から学校忌避感が和らぎ，学校との接点を求めつつあるタイミングでした。また，Aさんが強い抵抗をもっている級友との接点をつくらないように対策したことで部分登校は受け入れられ，夕方登校が軌道に乗りました。

　登校が回復したAさんは家庭でも平穏を取り戻しました。そこで，部分登校を拡大させるタイミングだと判断したスクールカウンセラーは，学年主任に連絡しました。しかし，学年主任は決断を先送りしました。1ヶ月経っても進展の様子がつかめません。担任も学年主任も毎日帰宅は夜になり，連日の負担を顧みず捨て身の献身をしています。

　しかし，その献身がAさんにとって最善といえるものなのかどうか，スクールカウンセラーは教頭に相談しました。相談室での両親対象のカウンセリングで変化させられるのは，養育環境とAさん自身の家庭での安定です。家庭での安定を得て夕方の登校が定着した現状のAさんに必要なのは，日中登校という次のステップなのではないかと。Aさんの成長に必要なのは，集団と折り合うことであり，そのためには日中登校への支援が必要です。そして登校支援には，どうしても学校の力が必要でした。学校の協力なしに，相談室内でのカウンセリングだけで次のステップを望むことなどできません。

3.　学校カウンセリングシステムの構造

　学校カウンセリングでは支援システムを構築することが大切です。

　不登校に陥った中学1年時のAさんへの支援者は担任でした。担任は，口の悪い級友のからかいが日常的にあることに気づきました。しかし，彼らにも彼らなりのいい分があり，きついことばは，とりわけグループ活動の際に協力的な態度をみせない級友に対して発せられているようでした。担任は，学級全体が協力し合えるクラスになることを願い，摩擦の中で集団が育つのを見守ろうと考えました。

　学年主任や管理職は，担任の育成を考えていました。担任とは，学級経営の試行錯誤の中で育つものなので，試行錯誤のうちに若い担任が学級経営を体得するのを焦らずに待とうと考えました。そのような中で，Aさんが不登校に陥り，学校に相談したAさんの両親は，担任，学年主任，校長各人に対して不信と不全感を抱きました。学級での人間関係が変わるのを見守っているという教師は，登校できないAさんに変われというのです。学校で起きている問題でありながら，不登校という局面でAさん自身が変化する以外に解決の道がないなんて，何のために学校にたくさんの教師がいるのだかわかりません。

　翌年，着任早々の教頭は，担任を交替させてほしいという両親からの苦言を聞き，激しい両親の怒りを現状の学校体制で鎮静するのは難しいと判断しました。そこで，校長と話し合い，教育委員会にも相談して，市教委のスクールカウンセラーに保護者への対応を依頼することにしました。教師は誰もがそれぞれに高い能力を備え，生徒のために働いているのですが，教師の思いが現実の生徒支援に反映されていないように思われました。教頭は，その問題意識を校長に伝えました。そして，学年主任と担任に，学年部として現状でできるAさんへのサポートを考えさせ，先輩教師としてスーパーバイザー役をすることにしました。

　スクールカウンセラーからの保護者面接の報告は学年主任に届きました。教頭は，それらの情報を学年部がAさん支援にどう活用するのか見守ろうと思っていました。学年主任は，管理職の配慮を感じるにつけ，これ以上問題を広げてはいけない，学年部だけでなんとか問題解決しなければ，と強く責任を感じました。そのような折，学年部が提案した夕方登校が軌道に乗ってくれたのは一筋の光明です。夕方とはいえAさんが毎日登校できるようになり，保護者との関係も回復したのです。ところが，ほっと胸をなで下ろした矢先，スクールカウンセラーはAさんを日中登校に持ち込めるのではないかといいます。日中登校で級友とのトラブルが発生し，また不登校に陥ることになったら，またしても学校に迷惑をかけてしまうではありませんか。

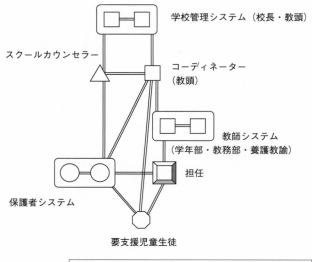

学校管理システム（校長・教頭）

スクールカウンセラー

コーディネーター
（教頭）

教師システム
（学年部・教務部・養護教諭）

担任

保護者システム

要支援児童生徒

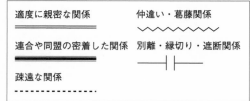

適度に親密な関係	仲違い・葛藤関係
連合や同盟の密着した関係	別離・縁切り・遮断関係
疎遠な関係	

図1-4　Aさんへのチーム支援が機能する校内支援システム

学年主任の逡巡にしびれを切らし，スクールカウンセラーは直接教頭に状況を伝えました。すると，事態は急展開を始めたのです。教頭は学校の出番を待っていました。Aさんを日中登校させることに無理がないのなら，学級環境の調整は教師の仕事であり，教頭にとってはそれこそ腕に覚えのある仕事だったのです。学年部の逡巡は，Aさんを日中登校に誘っても，さらにその次の学級復帰への見通しが立てられないところにありました。その学年部に教頭はスーパーバイザーとして介入し，日中登校のAさんへの支援と並行して学級経営の立て直しを行いました。

また，教頭が面接に加わることで，Aさんの学校での様子が教頭を通して両親にもスクールカウンセラーにも理解でき，それを踏まえて現状の問題は何かダイレクトな話し合いが進みました。学校環境と家庭環境でできることについても明確に役割分担されました。面接では，Aさんの成長と学校環境への適応という支援目的に何度も立ち返って展望が話し合われました。「Aさん自身の成長と学校環境への適応」という支援目的は保護者も含めたチーム全体に共通認識され，そのためにそれぞれが何を支援できるのか，それぞれの立場から考えました。

教頭が行ったのは，チーム全体への情報の共有と，支援方針，役割分担の明確化です。教頭がポジティブなビジョンを伝え，明確に意思表示することで，スタッフの不安と逡巡は一掃されたのです。チームの足並みは揃いました。教頭という新たなリーダーを得て学校の生徒支援体制は整いました。教頭もまた，スクールカウンセラーという協働支援者を得たことで，Aさんへの支援環境を整えることができたのです（図1-4）。

学校カウンセリングには2つの支援が必要です。相談室では，個人の成長を促進する個別支援を行います。学級では，級友との関係の中で児童生徒の成長を促進する集団支援を行います。個人と家族の混乱をおさめ，生徒個人の内省的な変化を促したスクールカウンセラー。学級集団側の内省を促して問題をおさめ，学級集団全体の協調性を高めてAさんの学級復帰を見守った教師。Aさんへの再登校支援は，両方の力を合わせることで完結し，学級も校内支援体制も活性化するにいたりました。

日本の学校カウンセリングの歴史的変遷と課題

第2章

1　学校カウンセリング導入の歴史

1.　教育の主体を天皇から国民に

　日本での学校カウンセリングの歴史は，敗戦後の 1946 年（昭和 21 年）にさかのぼります。1945 年（昭和 20 年）10 月，マッカーサー（Douglas McArthur）に代表される連合国軍総司令部（GHQ）は，日本の民主化政策の柱として教育の自由化を掲げました。満州事変以来，15 年に渡り軍部の統制下にあった日本では，教員や学生の思想統制が行われ，小学校（国民学校）に入学してから徴兵検査に該当する年齢まで，すべての子どもが軍事教育を受けていました。

　GHQ は，民間情報教育局（CIE）を組織して，日本の学校教育の実態調査と学校内からの武器や弾薬の撤収を含めた軍国主義の排除を行いました。文部省では教育方針の改革案をつくり，軍事教材を児童生徒自身に消させる「墨塗り」などの自主的な努力を試みました。しかし，日本側の努力だけで抜本的な教育改革にはいたらないと判断した CIE は，教育改革のために対日米国教育使節団を要請し，1946 年（昭和 21 年），27 名の第一次アメリカ教育使節団と 29 名の日本側教育家委員会を編成しました。

　第一次アメリカ教育使節団は，CIE 教育課の調査報告，文部省や日本側教育家委員会の説明，関西視察などを経て，教育改革のための報告書をマッカーサーに提出しました。それは，民主主義に基づく教育改革の提言でした。教育理念として，個人の価値と尊厳，教育および研究の自由が掲げられました。教育政策としてあげられたものは，教育課程と教科書などの教育内容，6・3・3 制や男女共学などの学制，教育行財政改革，文部省の統制排除と分権化，大学での教員養成などでした。新憲法にもすべての子どもが教育を受ける権利が掲げられ，教育基本法が 1946 年（昭和 21 年）に制定されました（大矢, 1993）。

　教育勅語に象徴される天皇からの勅令から，民意を反映した法律による教育行政への転換でした。天皇から与えていただくものから，国民主権に基づく権利として，教育の主体が国家権力から国民へと移行したのです。

2.　教育の主体を国家から地域に

　戦時下，軍部が文部省を統制していたように，国家権力など特定の偏った教育観に独占されず，教育の中立性を保つための地方分権化政策が進められました。地方での教育政策に，中立性と民意の反映を保持するために組織されたのが教育委員会制度です。

　CIE をはじめ第一次アメリカ教育使節団・日本側教育家委員会は，ともに地方行政での教育委員会制度の創設を勧奨しましたが，文部省は日本の実情に合わないと強い抵抗を示しました。これに対し，CIE の「行政再組織グループ」は，それぞれの地域を動かす力を持っている教育

委員の公選を推し出しました。地域ごとに教育委員が選出されることによって教育政策に対する責任の所在を明示し，委員と地域の人々が乖離せず，国民全体が教育行政にかかわれるような教育委員会組織の構想でした。それぞれの地域の教育政策は，それぞれの教育委員会で教育委員の知恵を絞り，合議で決定するという地域住民主体の組織のあり方が示されたのです。

　文部省との折衝の結果，教育委員会法は 1948 年（昭和 23 年）に制定されるにいたりました。教育委員会は，都道府県教育委員会と地方教育委員会の 2 種に分かれ，都道府県では 7 名，市町村では 5 名の教育委員が選出され，いずれも 1 名は議会の議員から，残りは直接住民から選挙で選出されることになりました。教育長は，教育委員会の合議で教育的専門性と行政的専門性を兼ね備えた人物が任命されます。地域住民によって選出される委員と，専門性の高い教育長とのチェック・アンド・バランスによって成り立つ教育委員会制度は，教育行政の民主化・地方分権化・一般行政からの独立という，教育行政 3 原則を具体化するもので，CIE が目指した日本の教育の地方分権制の花形でもありました（大矢, 1993）。

　また，教育委員会には事務局が設けられ，教育事務の管理に必要な職員が配置されました。指導主事は，教育委員会で合議された教育政策を学校に浸透させるべく，校長および教員に助言と指導を与えるという職務を負っていました。

2.　教育の主体を先生から生徒に

　教育の内容も，授業を聞いて板書を写すなど受け身での一斉授業だけでなく，児童生徒自身が授業の主体となれるように，個人差を尊重する教育計画や教育方法が検討されました。このような教育の民主化にあたり，CIE が日本の教育に欠けているものと判断して導入した教育方法の一つにガイダンス＆カウンセリングがありました。

　ガイダンスとは，集団を対象にした指導・支援の方法です。生徒が環境や社会の変化に適応して個性や能力を最大限発揮できるように導き，社会的な自己実現への主体的な取り組みを促すことを目的としています（森嶋, 2004）。カウンセリングとは，児童生徒がよりよく学校環境に適応するための個別指導・支援のことをいいます。ガイダンスもカウンセリングも，対象者主体で行うことがその技法の共通点です。

　ガイダンスの内容として，教育指導，進学指導，職業指導，道徳指導，特別活動指導，校外生活指導，教育相談，児童生徒理解の技術，集団指導の技術などが示されました（高橋, 2000）。教育指導（Educational Guidance）には，オリエンテーション（学校理解のための指導），カリキュラムガイダンス（教科や課程の選択指導），学習面での適応指導，特別活動への参加指導などがあります。学校教育の意味と社会とのつながりを明らかにできるようなガイダンス（集団指導）を行い，学校環境への多面的な適応支援を通して，卒業後の個人の社会適応を図っていこうとする教育の長期的展望が意図されました。道徳や特別活動などのガイダンスは，社会性の獲得が意図されています。

　しかし，当時の日本人にとって，CIE が導入したガイダンス，カウンセリング，オリエンテーションなどの教育用語は，聞いたこともないものばかりでした。ガイダンスとは，カウンセリングとは，オリエンテーションとは，一体どのようなもので，どのようなことをすればよいのでしょう。文部省はこれらの考え方を指導するために，1948 年（昭和 23 年）から全国各地で「教育指導者講習会」（IFEL）を開きました。IFEL（The Institute For Education Leadership）とは，文部省と CIE の共催で教育関係の専門家の養成を目的に開催された講習会です。日本の公式文書では「教育長等講習」と訳され，その後「教育指導者講習」と称されました（田中, 1993）。また，文部省は 1949（昭和 24 年）に「児童の理解と指導」「中学校・

高等学校の生徒指導」という2つの手引き書を作成し，生徒への指導をカウンセリング中心に行う方向を明示しました。

　このような中，1946年（昭和21年）5月，軍事教育に加担した教育関係者への処分が発令され，終戦からこの勅令以前までの9ヶ月間で，約11万人の教員および教育関係官吏が自発的に辞職し，勅令後の1年間で5,000人あまりの教員が追放されました（大矢，1993）。GHQの指導のもとで，日本の教育は，理念，法律，体制，組織，価値観や教育方法にいたるまで抜本的な転換が図られたのです。

2　アメリカの教育制度

1.　学制と教育委員会の役割

　それでは，戦後の日本の教育の基盤となったアメリカの教育制度とはどのようなものなのでしょうか。

　アメリカの義務教育期間は，州によって異なりますが，おおむね5歳から18歳までの13年間です。幼稚園（kindergarten）は，小学校入学の準備期間としてとらえられており，通常小学校に併設され，修学期間は1年間です。小学校，中学校および高校は，日本と同じ6・3・3制以外に4・4・4制，5・3・4制，6・2・4制，6・6制，8・4制などがあり，12年間の教育が行われます。学年は，幼稚園がK，以後12年間を通じて1年生（First Grade），2年生（Second Grade）と続き，11年生（Eleventh Grade），12年生（Twelfth Grade）と数えられます。

　公立学校の運営は，州政府および市町村の学校区にゆだねられており，その運営のための財源は，主に州からの補助金と地域住民の税金で賄われます。実際に各学校の教育行政に大きくかかわってくるのは，州教育委員会のもとに置かれている学校区で，全米で約1万5,000の学校区（school district）ごとに各教育委員会主導でそれぞれ独自の教育がなされます。

　教育に関する権限は各州に属し，基本的な教育制度や教育政策は州ごとに決定されます。一般的教育基準，卒業要件，教師資格などをそれぞれに州政府が定め，それに従って各学校区は，カリキュラムの決定や教師の雇用などを行います。教師やスクールカウンセラーの採用のための資格認定も，州ごとにそれぞれの基準が示されるので，各州で教育専門職の養成カリキュラムが異なります。学校区へは，州からの補助金が交付されていることもあり，州の統制力が働きますが，連邦政府からの補助金は全体の10%にも満たないことなどから，政府からの統制はあまりありません。そのため，学校区ごとに地域住民の意思が大きく反映された教育委員会主導の教育政策が行われており，それがアメリカの教育制度の特徴といえます（自治体国際化協会，2000）。

2.　学校の職員構成

　アメリカの学校では，常勤の管理職として，学

表2-1　ある中学校（6〜8学年）の職員構成（高原，2006）

管理職	学校長1，副校長1，スクールカウンセラー2
事務	管理職付1，教務・出欠担当1，カウンセリング室担当1，会計1
各学年担当教科教師	数学7（各学年2〜3），英語・言語6（各学年2），理科3（各学年1），技術1，コンピュータ1，作文1，読書1，社会5（各学年1〜2），保健体育3（各学年2），特殊教育3（各学年1）
全学年共通教科教師	家庭科・消費者教育1，美術1，合唱1，吹奏楽1
特殊教科	リソース3，学習方法指導1，移住者適応教育1（非常勤）
助手・看護	実験助手1，視聴覚助手1，司書1，スクールナース1，補助教員3（各学年1），特殊教育担当補助教員4，言語療法士（非常勤），ホームスクール・アドバイザー1
委託職員	用務員2，警備員1〜2（時間帯による），調理・食堂係5

＊数字は人数を表します。

＊例示される中学校の生徒数は約500名です。

校全体を管理・監督する学校長，それを補佐する副校長とスクールカウンセラーの三役で構成されています。校長は，教務と規律指導の責任者で，スクールカウンセラーは生徒の学校適応についての責任者です（高原，2006）。学校での専門職の資格は州ごとに定められ，ほとんどの場合，校長は大学院の教育学や学校経営の博士課程レベルが，スクールカウンセラーはスクールカウンセリングの修士課程修了に加えて教育職の経験が求められます。また多くの州で，採用の更新には，5年ごとの研修義務が課されており，教職員は専門性を維持する義務を負っています。

　教師資格は，多くは4年制の大学を卒業して採用され，州によっては資格取得に5年を要します。教師は，通常の教科指導を担当する教師の他に，障害児を担当する特別支援教育担当の教師，通常の授業方法では効果が上がらない子どもを担当するリソースティーチャーなどから構成されています（高原，2006）。

　スクールナースは，教師としての採用ではなく，生徒の健康管理と，病気や心身症・ストレス症状などの相談を担当し，学校規模にもよりますが，複数の学校を併任するのが普通です（ヤギ，1998）。

　また，一般的な集団指導では教育効果が上がらないと判断される子どものためには，スクールサイコロジストやスクールソーシャルワーカーが各学校区の教育委員会から学校に派遣されます（高原，2006）。スクールサイコロジストは学齢期の精神病理に対する心理臨床の専門家です。学習や行動に不適応を起こしている子どもをアセスメントし，個別支援計画（IEP）を立てる中心的存在で，教師と保護者にコンサルテーションを行います。大学院2年＋1年（1,200時間）のインターンコースを修了したスペシャリストと，大学院3年＋1年（1,200時間）の博士課程のコースがあり，学校規模によっては常勤職員のポストもありますが，多くは教育委員会に所属して複数の学校を担当し，主に小学校に派遣されます（石隈，1999）。スクールサイコロジストには，発達障害のスクリーニングとアセスメントが役割期待されており，スクリーニングによる個別支援開始の平均学年は小学1年生です（Grinker，2007）。発見が遅れると，日常的な学習場面で行動観察を行い，スクールサイコロジストにリファーするはずの教師やスクールカウンセラーの専門性が問われます。

　スクールソーシャルワーカーは，社会福祉の観点から家庭内の問題や経済的な問題についての支援を行い，主に家庭訪問を担当して家庭環境の調整を行います（ヤギ，1998）。

　ガイダンスを中心に，学校での集団生活を送る生徒全般を支援対象にするのがスクールカウンセラーで，スクールサイコロジストやスクールソーシャルワーカーは，学校集団での生活を続けるために特別な配慮を必要とする子どもたちに特化した支援者だといえます。教育専門職各人は，子どもの問題に応じてチームを組み，連携して問題解決にあたります。

2. 教師の役割

　アメリカの教育制度では，小学1年から能力別にクラスが編成されています。学校規模によりますが，1学年の生徒は，能力別におおむね3〜5グループに分けられます。それは，上位10％程度の生徒を対象に，いっそう才能を伸ばすことを目的に編成される Gifted program から，標準的な生徒対象の Standard class，低学力や問題行動のある生徒などが対象の Special education class など，教科ごとに能力別のクラスが開講されています。同学年の生徒集団から離れ，特別視されたらかわいそうという日本流の考え方に対して，個人の能力に合った指導がなされないのはその子がかわいそうという日米の考え方の違いが存在しています。

　教師の役割は，特定の学科についての知識や技術の伝達です。すべての能力別編成クラスの

子どもたちが，それぞれの能力相応に十分な学力を身につけられるように授業の工夫を凝らします。ひとりの教師が採用されるとき，たとえば中学校理科の教師として雇用され，7年生を担当すると，その教師は退職するまで7年生の理科のみを担当し続け，学年や教科が変わることはありません。文字どおり7年生の理科のエキスパートなのです。教師各人には教室があり，それは授業クラスでもありますが，教師のオフィスでもありますから，各教室にはそれぞれの趣向が凝らされます。たとえばからだのしくみについての授業なら，人体模型が置かれたり，人体に関するポスター，資料などが壁に貼られたり，教師自身の趣味のものが飾られたりするのです。クラス単位で生徒の部屋が用意され，授業ごとにさまざまな教師が固定のクラスを訪れる日本とは逆に，生徒は自分が選択した授業クラスに合わせて休み時間のうちに次の教室に移動します。教師は，自分のオフィスで，時間ごとに入れ替わる生徒に7年生の理科の授業を行うのです。小学校の場合は，低学年か高学年の教師として採用されると，いずれかの学年だけを対象に，国語，算数，社会，理科の4科目を教授します。音楽，体育，芸術は専門科目の先生が担当するので，小学校から複数の教師での指導チームが組まれます（ヤギ，1998）。

　教師としての採用後は，日本のように教師を対象にした公的な研修制度はありません。採用から3年以内は，校長，教育委員会の評価によって解雇されることもあり，教師評価によって昇進や待遇が決まります。そのため，各人がスキルアップを求め，個人的にワークショップや講習会に参加したり，大学院に入学して自己研鑽を行います（佐久間，2005）。また，教師間の連絡は各個室からのオンラインで，教師どうしで協力し合って何かに取り組む機会はほとんどありません。

　授業の内容は，アメリカの国家基準としてナショナルスタンダードが作成され，基本的な学習の習得内容が決められており，さらに州ごとに独自のスタンダード（基準）が作成されています。授業プログラムは，その内容さえ満たせば，教師が自由に作ることができ，教授法や教育方法も教師のオリジナリティにゆだねられます。授業は，生徒を整然と並ばせて着席させる講義形式は少なく，1クラス約20名のクラスで生徒自身の意見交換や発問によるアクティブラーニングで進められます。授業に変化や奥行きを与えるのは生徒自身の発問で，子どもたちが自分たちの意見を交換できるように授業構成や宿題指導が工夫されます（ヤギ，1998）。

　教師の役割とは，授業者として生徒の学業習得に責任をもつことに尽きるでしょう。ホームルーム・ティーチャーとして担任もしますが，それは出欠の確認や学校からの手紙の配布など事務的なことが多く，子どもたちの心理的問題や家族関係にまで踏み込むことはほとんどありません。それはスクールカウンセラーの役割だからです。授業に集中できないとか，注意を聞き入れないなどの場合は，生徒個人の適応を担当するスクールカウンセラーのもとに送ります。

4. スクールカウンセラーの役割

　スクールカウンセラーの役割は，生徒の学校適応のためのサポートで，学業支援，進路選択支援，個人的・社会的発達支援の3領域にかかわるという全米の統一基準に則っています（American School Counselor Association, 2003）。

(1)学業支援

　スクールカウンセラーは，能力別クラス編成の責任者で，在校生の学力検査や適性検査，性格検査などを実施し，その結果を生徒のクラス選択や学習支援にフィードバックします。生徒の学業適応の可否は，授業内容の難易度と生徒の能力や志向とのマッチングの問題だと考えられており，能力別に開講されているクラスを適切に選択させることで，学業面での学校適応支援が行われています。

　そのため，スクールカウンセラーは，年度の最初に，生徒全体を対象にカリキュラム説明のためのガイダンスを行います（高原, 2006）。生徒は，必修科目や必要な単位数に基づいて開講される授業の中から履修クラスを選択し，自分用の時間割を作成します。

　カリキュラムの選択について助言がほしいとき，子どもたちはスクールカウンセラーに相談します。それは時間割作成時の場合もありますが，授業の進行につれて，自分が選択したクラスの難易度が高すぎるとか，逆に低すぎるなど授業に参加してみて不具合を感じる場合もあります。そのようなとき，子どもとスクールカウンセラーの話し合いでクラスを変更した方がよいと判断されると，新しい受け入れクラスからの承諾があれば，年度途中であってもクラスを変更できます。

　生徒の能力が履修クラスとマッチしていても，学業成果が上がらない場合などは，個人に合った教授法や宿題の出し方などについて教師へのコンサルテーションも行います。また，発達障害についてスクリーニングし，個別支援が必要と判断される子どもはスクールサイコロジストにリファーし，適正就学をはかります。

(2)進路選択支援

　国家が公費で子どもたちを教育する意味のひとつは職業人としての成熟です。義務教育を受けて体力，学力，社会性ともに十分な発達を遂げ，やがて適性に応じた職業選択をし，社会人として次代の子どもたちを教育するための税金を納め，国家の繁栄を維持させようとする制度です。

　アメリカでのスクールカウンセリングの歴史の発端はキャリアカウンセリングにありました。20世紀初頭のアメリカで，農耕社会から工業化社会に急速な移行を遂げる中，職業選択に個人の能力や志向とのマッチングを目指すキャリアカウンセリングを導入したところ，職業定着率が高まり，産業の繁栄に貢献したことから，学校でも職業指導が行われるようになりました（中内, 2007）。

　スクールカウンセラーは，生徒が具体的に進路選択をイメージできるように職業理解のためのガイダンスを行い，生徒との面接で各人の進路計画作成を指導します。職業体験やアルバイトを斡旋したり，進学する生徒のためには，大学や研究機関とも連携して情報提供を行います（高原, 2007）。大学に進学する場合も，その先には職業選択があるので，自分自身にとっての適職を意識して進路を選択できるように，職業選択と大学や学部の選択を結びつけた指導を行います。

(3)個人的・社会的発達支援

カウンセリング

　子どもたちに人間関係や行動上の問題が発生した場合，それが集団指導の枠内での適応支援の対象だと判断された場合は，スクールカウンセラーが個人やグループに対してカウンセリングを行います。カウンセラーの養成プログラムでは，学部での傾聴技法や話の焦点化技法に加え，大学院で問題解決技法を学びます。そのため，カウンセリングでは，子どもの問題が解決

表2-2　カウンセリング・サイコエデュケーションの主要プログラム（高原, 2006）

コンフリクト・マネジメント	生徒間の対立や葛藤場面で対処する方法
コーピング・ストラテジー	うまくいかない不都合な場面で対処する方法
ソーシャルスキル・トレーニング	人間関係を円滑に保つための技術
ピアサポート・プログラム	生徒どうしの相互支援システム
キャラクター・エデュケーション	好ましい人格を啓蒙し，方向づける
クライシス・エデュケーション	避難訓練や不審者対応など危機状況への対応

できるようにプログラムが計画され，多くは認知行動療法が用いられています（Hill, 2004）。

　一方，集団指導の枠を越えて継続的な個別支援が必要だと判断される発達障害や神経症圏で引き起こされる問題についてはサイコロジストに，家庭環境の調整が必要と判断される問題についてはスクールソーシャルワーカーにリファーする義務を負っています。

サイコエデュケーション

　主に問題予防のために実施される開発的プログラムです。問題が起きたときの対処法の紹介やシミュレーション，ロールプレイなどがホームルームクラスごとにガイダンスとして行われます。カウンセリングやサイコエデュケーションで用いられる主なプログラムには表2-2のようなものがあります（高原, 2006）。

5. 戦後，日本の指導主事がみたアメリカのスクールカウンセラー

　昭和29年，教育視察団としてアメリカの教育現場を訪ねた指導主事のひとりが，帰国後，

栃木県教育委員会現職教育資料第33号　昭和29（1954）年6月30日

　わが国で新しく出来た職業指導主事に類するものはカウンセラーであり，生活指導とかねて行うわけである。オハイオでは，1000のハイスクールのうち800がカウンセラーをもっているが，その半分が専門，半分はパートタイムで行っている。最も多くおいているのはシンシナチで，250人の生徒に1人ずつのカウンセラーをおいている。

　　カウンセラーの室は，たいてい校長室や事務室に隣り合って設けられているが，これは生徒の累積記録簿を照会するのに便利であるからである。相談は一人の生徒に年一回以上実施する。時にはグループガイダンスをするがカウンセラーとホームルーム教師がリーダーとなって，職業，テスト，個性の適応，市民性などについて話し合ったり，各人が将来の生活設計を発表し合ったりする。相談事項は生徒が将来の修学と職業についてプランをたてるのを援助することが目的で，進学希望の者も皆相談をうけにくる。

　オハイオ州職業教育計画に示すカウンセラーの職務内容は次の如きものである。

　1. **生徒個々に対すること**
　　a. 生徒の細目調査の準備及び援助をすること
　　b. 教育的職業的情報を収集し，準備し，利用すること
　　c. 生徒個々と相談すること
　　d. 追指導
　　e. あっせん
　　f. 関係機関と生徒についての連絡
　2. **ガイダンス活動に一般教員の参加を推進すること**
　　a. 教員がガイダンス・サービスを利用することをすすめ，ガイダンス資料の収集に貢献することを奨励援助する
　　b. 教師のガイダンス問題の認識と研究におけるリーダーシップをとること
　　c. 各教師が個々の生徒と接するときにおこる問題の分析を援助すること
　　d. 各教科分野にある職業的教育的情報の収集と利用に各教師を援助すること
　3. **ガイダンス計画を生徒や地域の必要に適応させるよう校長や教員を援助すること**
　　a. ガイダンス計画の成果の評価
　　b. ガイダンスについての調査研究の実施
　　c. カリキュラム改善の示唆
　　d. 個々の生徒の必要にあう職業的経験のプログラムの計画作成
　　e. 選択手続きの研究
　　f. 学校経営に利用するためのガイダンス資料の作成

現職教育のためにアメリカでのスクールカウンセラーの業務内容を紹介しました。栃木県教育委員会の指導主事が記した資料を抜粋して紹介します。

3　生徒指導主事とは和製スクールカウンセラーを意味していた

1.　生活指導から生徒指導へ

　　生徒指導の意義とは,「個別的かつ発達的な教育を基礎とし,一人一人の生徒の人格の価値を尊重し,個性の伸長を図りながら,社会的な資質や行動を高めようとするもの（文部省,1965)」です。「特定の型にはめこむことが教育であると考えた時代では,一人一人の児童の理解とか指導ということは,特別とりあげる必要はありませんでした（文部省,1949)」。しかし,敗戦によって CIE の指導が行われ,生徒指導の概念は戦前の生活指導から一新して,児童理解・生徒理解を不可欠の基礎条件として構想されました（澤田,1987)。

　　生徒指導の手引（文部省,1965,1981）では,生徒指導の役割として,すべての生徒を対象として行う集団指導（ガイダンス）と,適応上の問題や心理的な障害をもつ生徒への個別指導（カウンセリング）があり,この2つが学校における生徒指導であると定義されました。具体的な生徒指導の内容として,個人的適応指導,学業指導,進路指導,職業指導などが該当します。生徒指導の目的は,教師がいかに生徒の行動を修正するかではなく,生徒が自分自身で自己指導できるようになるために,いかに自主性,自律性,自発性を促進するかにあると説かれました。

2.　相談教師（学校カウンセラー）として期待される生徒指導主事

　　昭和39（1964）年,日本では中学・高等学校が生徒指導研究推進校として指定され,生徒指導主事というポストが生まれました。生徒指導主事とは,敗戦後,GHQ から指導を受けた文部省がアメリカのスクールカウンセラーをモデルに生徒の学校適応を援助する役割として創設されたポストです。児童生徒の個の成長と適応を目的に,その社会性を育む役割として,教科指導と並ぶ重要なポストに位置づけられ,創設当初は相談教師として将来的な学校カウンセラーの役割分化の期待を負っていました（文部省,1965,1966)。生徒指導主事というポストが学校に定着するかどうかの成否は,抜擢される

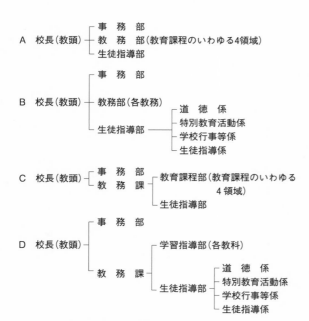

図 2-1　学校組織図の類型（文部省,1965)

(注)　1　教育課程に関する部分は,中学校に即して表現されているが,高等学校の場合は,これに順ずる。

　　　2　部や係りの名称は,すべてここかぎりの仮称である。

表 2-3　生徒指導主事の主な仕事（文部省,1965)

①生徒指導に関係する校長（教頭）の実質的補佐

②生徒指導における学業指導的な見地からの学校での教育課程の編成への参画

③ガイダンスを含めた生徒指導計画の立案と実施

④生徒個別の資料作成と生徒指導に関する図書等の整備,および相談室の管理運営

⑤個人的な問題や悩みを持つ生徒に対する面接相談・家庭訪問・父母面接

⑥学級担任やその他の教師への指導助言（図 2-1)

教師個人の力量も大きく影響することから，能力が高く人格円満な教師を人選するようにと記述されています（文部省，1965，1981）。

　「生徒指導の手びき」（文部省，1965）によると，生徒指導は集団指導と個別指導から成り立ち，集団指導をガイダンス，個別指導を教育相談と命名しました。生徒指導主事は「相談教師（学校カウンセラー）」もしくは「相談教師（いわゆる学校カウンセラー）」と，かっこ書きで学校カウンセラーとしての役割が明示されました。相談教師に必要な知識・技術として，パーソナリティの構造，パーソナリティの発達，異常行動の心理などが示され，カウンセリングの研鑽が求められました（文部省，1966，1971，1972）。また，そのような専門性に基づいて学校環境を変容に導く校風の刷新についての助言も求められました（文部省，1965）。しかし，生徒指導主事に任命された教師たちは，カウンセリングの研鑽の方法も，生徒指導に基づく校風の刷新のイメージも，手びきだけでは具体的にはつかめないのが実情で，暗中模索の生徒指導が始まりました。

　生徒指導の手びき（文部省，1965）に示される生徒指導主事の役割と学校組織図の主な類型を紹介します。

3. 生徒指導主事の機能は校内生徒指導体制と管理職に規定される

　生徒指導資料第 2 集（文部省，1966）は，前年の昭和 40（1965）年 5 月に出版された生徒指導の手びきに寄せられた実践上の問題に対する 68 項目の質問とその回答で構成されています。Q&A 形式とはいえ，質問への回答集が翌年 6 月早々に発行されていることから，現場と文部省担当官の生徒指導主事導入への並々ならぬ熱意と努力や，その反響の大きさが伝わってきます。

　さて，生徒指導資料第 2 集（文部省，1966）の中に，「生徒指導を担当する教師に対する同僚の他の教師からの不信感はどのように生まれ，また，それをどのように除去したらよいか」という質問があります。生徒指導主事が学校内でうまく機能しない場合への問いかけです。これに対する回答は，ひとつには，生徒指導を担当する教師の人柄による場合についての指摘です。

　他方で，同僚から信頼を得られない主な理由として「校内の生徒指導体制が十分に確立されていないため」があげられました。すなわち，「生徒指導に対する全校をあげての共通理解がなされないと，生徒指導の任務が理解されず，担任との役割分担も不明確になり，そのような場合，担任は自分には話さないことを生徒は別の教師（相談教師）には話すのかと不愉快になって，互いになわ張り争いのような気持ちになりがちである。校内生徒指導体制を立て直すために最も必要なのは管理職の力であり，生徒指導の共通理解を深めるための対策と，教師自身に絶えず研究と修養に努める心構えをもたせ，教師相互に協力する心構えこそ改善への道」だと解説しています。

　生徒指導主事が機能するために必要なこととして，①担任や学年主任などの教師と連携し，役割分担してこその生徒指導だという連携の必要性，②生徒指導の理念やあり方の共通理解の必要性，③教師自身の研鑽の必要性，という 3 要因が説かれています。

　生徒指導の質的機能を規定する要因は，人事を含めて学校の生徒指導体制のあり方だと管理職の力が求められてもいます。生徒指導のあり方を学校経営にどのように位置づけ，育てるかという管理職の手腕が問われているわけです。

4　教育相談と生徒指導の関係

1.　教育相談の役割

　教育相談とは，「本来，ひとりひとりの子どもの教育上の諸問題について，本人またはその親，教師などに，その望ましいあり方について助言，指導をすることを意味する。いいかえれば，個人のもつ悩みや困難を解決してやることにより，その生活によく適応させ，人格成長への援助を図ろうとするものである」と定義され，個別に実施される生徒指導の一方法として位置づけられています（文部省，1965, 1981）。

　そして，生徒の行動上の問題は，生徒の人格と環境との関係から発生したものだから，教育相談では生徒の環境を十分に理解したうえで問題をとらえなければいけないと説かれています（文部省，1965, 1981）。生徒個々によって事情も異なるので，問題は一律に理解するわけにいかず，個別の指導が不可欠です。教育相談を行う相談教師には，生徒自身とその環境をよく理解して，生徒に合った学校環境，家庭環境の調整が求められました（文部省，1965, 1981）。

　また，相談教師は，生徒の個別指導（カウンセリング）のための相談室の設置と運営をゆだねられました。相談室では，問題行動についての心理的原因を判定（診断）し，処置（治療）によって問題を解決していくように方向づけられました。診断にあたっては，正しい生徒理解が求められ，①知的能力，②性格，③生徒の興味・要求・悩み，④交友関係，⑤家庭環境と，問題を多角的にとらえます。また，教育相談での生徒理解には共感的理解が重視され，相談教師の資質として人間的な温かみと自他への受容が重んじられました（文部省，1965, 1981）。

2.　生徒指導と教育相談の矛盾

　昭和40年代の社会問題のひとつとして，青少年の非行の急増があげられ，当然のように学校にも生徒の非行化防止対策が求められました。そのため，生徒指導の手びき（文部省，1965）でも，第9章に「学校における非行対策」が取り上げられました。非行化した生徒への指導にあたっては，教育愛のもとに根気よく努力を続けながらも，ときには強い態度で制御したり，禁止したりすることも必要だと記されています。また，第1章では生徒指導の課題として「望ましい習慣形成への積極的な努力」をあげ，しつけの必要性が説かれてもいます。

　ところが，同じ著書の第7章「教育相談」では，「教育相談室の設置と運営にあたって，教育相談室で学級担任・ホームルーム担任の教師などが生徒をしかったり，懲戒を行ったりすると，生徒が教育相談を誤解し，抵抗を植え付けるもとになるので，このようなためには教育相談室を絶対に用いないようにする（文部省，1965）」と，あたかも相談教師は生徒を叱ってはいけないような記述がみられます。生徒指導資料（文部省，1996）には，「しかるとか，処罰するとかいうことが必要になる場合さえあるが，教育相談の範囲外の教育機能であると考えるべき」とも記されています。

　非行への対応には毅然とした強い指導も必要だが，相談室で行う個別の教育相談では叱らない。生徒指導主事をはじめ教師は，指導の対象となる問題によって対応を変化させるものだと解釈するのであれば，これは矛盾ととらえる問題ではないのかもしれません。おそらく，問題の質によって教師側の対応を変えるようにととらえるべきなのでしょう。ところが，生徒指導とは叱ってよいものなのか叱ってはいけないものなのか，現場での混乱と議論を呼んだのです。

3.「手ぬるい」「甘やかす」と称される教育相談のジレンマ

　「教育相談は『甘やかす』とか『手ぬるい』とかの批難を受けることがあるが，どう考えたらよいか」という問いかけが昭和41（1966）年の生徒指導資料に掲載されました。

　その原因のひとつとして，「叱らない」教育相談の対応があるでしょう。そしてもうひとつには，生徒指導の手びき（文部省, 1965）に，教育相談（カウンセリング）の重要性や心構えが十分説かれながら，実際の技法について具体的に提示されていないことがあげられます。3つめに，教育相談の方法についての混乱です。たとえば，「受理面接」の進め方についての記述を以下に例示します。

生徒指導の手びき（文部省, 1965）　第7章 教育相談　第2節 教育相談の方法

　最初の段階で聞くべきことは，氏名，年齢などのほかに問題の内容と発生以来の経過，相談に来るまでの経路，生育歴，既往歴，家族の構成，家族間の人　間関係，従前の処置などである。相談の進め方にはいろいろな立場があり，人によっては（中略）あらかじめ質問項目を印刷して用意し，次々聞いていくという考え方もある。しかし，その度が過ぎると単にこちらの聞きたいことを聞き出す調査だけになってしまうおそれがある。

　一方，別な考え方をもつ人たちは，専ら相手の言うことを聞く態度に終始することが大切であると考える。この立場に徹しようとする人たちは，相手の言おうとしている感情に焦点を合わせることの方が，言っている内容より大切であると主張する。したがって，この立場では上記の質問項目などはほとんど問題にしないのである。

　しかし，学校における教育相談としては，上述のうちの大きな項目ぐらいを念頭において，相手の自由な陳述の中から適宜に記録に残していくという程度が妥当なところであろう。この段階は，言わば教育相談の第一歩であり，この際に最も大切なことは，本人に「ここへ来てよかった。もう一度来たい。」という印象を与えることである。したがって，まず「聞く」という態度を中心にすべきで，明白でしかも具体的な内容，あるいは緊急の事態でない限り，この段階で積極的な助言をすることは，まず考えられない。要するに，この段階では以上のような面接にとどめ，最後に次の面接の日時を予約して修了する。

　面接の進め方は，以上の記述で終わりです。バイブルといわれた手びきをどう精読しても，教育相談場面で，生徒に何を聞いてよいのかも，何を話してよいのか悪いのかもわかりません。生徒が「また来たい」と感じてもらうことを目的に，助言はせず，否定しないでただ話を聞くことが教育相談であるかのような印象を受けます。そして，受理面接後は問題の原因を見極めるために「判定」すると続きます。「判定」についても，ロジャーズのカウンセリング理論を反映して「別の立場に立つ人からは，極端に言えば判定は無くてもよいとさえ言える」と続き，内容はいたって釈然としないままです。

　教育相談の最後の手順は「処置」ですが，処置の方法として助言，紹介，継続があげられています。比較的軽い問題で，支持，激励で一応すませておける場合が「助言」，問題が教育相談室で扱えないと判断されたら「紹介」，それ以外は毎週1回30分から50分の継続面接をするよう指示されています。そして，継続面接のための技法の紹介や解説がないのです。

　治療技法について記述されているのは唯一以下の文章です。「心理的な治療の手段としては，感情の発散と生活の方向づけをねらう面接，遊戯，作業などが用いられる。（中略）そのほか，レクリエーション，スポーツ，ドラマなども用いられている。（中略）催眠療法もそのひとつであるといえようし，精神分析あるいはいわゆる非指示的（来談者中心的）療法もそのひとつ

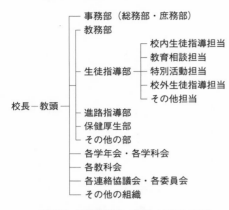

```
                ┌── 事務部（総務部・庶務部）
                ├── 教務部
                │              ┌── 校内生徒指導担当
                │              ├── 教育相談担当
                ├── 生徒指導部 ├── 特別活動担当
                │              ├── 校外生徒指導担当
                │              └── その他担当
  校長─教頭 ──┤
                ├── 進路指導部
                ├── 保健厚生部
                ├── その他の部
                ├── 各学年会・各学科会
                ├── 各教科会
                ├── 各連絡協議会・各委員会
                └── その他の組織
```

図 2-2　学校組織の一般例（文部省, 1981）

であろう。（中略）集団を対象にして行うものを集団療法と呼ぶこともある」。そして，これらの技法についての具体的な説明がされないまま，「一般の学校における教育相談では，専門的に勉強した教師が学校にいるとは限らないし，それほど専門的な心理療法を用いることはないであろう」と項を閉じるのです。それは改訂された生徒指導の手引（文部省, 1981）でも内容に変化がみられません。問題解決技法が取り上げられていないカウンセリングのバイブルなのでは，どれほど優秀な相談教師が抜擢されても，教育相談による問題解決は困難をきわめたことでしょう。担当者の困惑と混乱は，生徒指導主事そのものの立場を脅かし始めました。

4.　生徒指導体制の変化

　バイブルと称された生徒指導の手びき（文部省, 1965）が絶版になり，改訂版の生徒指導の手引（文部省, 1981）が発行されました。改訂されたのは，学校における生徒指導体制です。本来，生徒指導主事という役割モデルはアメリカのスクールカウンセラーでした。生徒指導主事イコール相談教師イコール教育相談の担い手であり，「生徒指導を高度に推進していくための専門性」とは，カウンセリング技法のことだったのです。ところが，教育相談は生徒の問題に対して「手ぬるい」「甘やかす」ため，問題解決にいたらず，16年後の生徒指導の手引（文部省, 1981）では，生徒指導主事と相談教師は生徒指導部に併存する役割として分割されました。青少年の非行化や校内暴力が社会問題のすさんだ時代背景でもありました。『生徒指導の手引』に紹介されている学校組織図を図 2-2 に示します。

　教育相談を担当する教師は，昭和 40（1965）年発行の生徒指導の手びきでも，昭和 56（1981）年発行の生徒指導の手引でも，同様に「相談教師（いわゆる学校カウンセラー）」と説明されており，教育相談の目的も方法も変化がみられるわけではありません。生徒指導の目的についても変化はないのですが，導入時は生徒指導主事イコール相談教師イコール教育相談の担い手であったものが，16年後の生徒指導の手引（文部省, 1981）では，生徒指導主事は相談教師と併存する独立した立場に変化していたのです。生徒指導主事は学校の秩序を守る生活指導を行い，教育相談担当は，生徒の心理的な悩みに対応するというように，あたかも異なる役割であるかのようにとらえる担当者も少なくありませんでした。

表 2-4　文部省が示す生徒指導主事の主な仕事

生徒指導の手びき（1965）	①生徒指導に関係する校長（教頭）の実質的補佐
	②生徒指導における学業指導的な見地からの学校での教育課程の編成への参画
	③ガイダンスを含めた生徒指導計画の立案と実施
	④生徒個別の資料作成と生徒指導に関する図書等の整備，および相談室の管理運営
	⑤個人的な問題や悩みを持つ生徒に対する面接相談・家庭訪問・父母面接
	⑥学級担任やその他の教師への指導助言
生徒指導の手引（1981）	①学校における生徒指導を組織的，計画的に運営していく責任をもつこと
	②学校における生徒指導を計画的かつ継続的に運営するため，分担する校務に関する全校の教師間の連絡調整に当たること
	③学校における生徒指導の特に専門的な知識や技術を必要とする面の担当者になるとともに，生徒指導部の構成員や学級担任その他の関係の組織の教師に対して指導・助言を行うこと
	④必要に応じて，生徒や家庭，関係諸機関等に直接働き掛け，問題解決に当たる役割を果たすこと

5. 生徒指導主事の役割の変化

　生徒指導の手びきと手引（文部省, 1965, 1981）に示される生徒指導主事の主な仕事の変化を表2-4に紹介します。

　手びきと手引き（文部省, 1965, 1981）の役割期待の違いを見比べると，アメリカのスクールカウンセラーをモデルにした昭和40（1965）年の生徒指導主事の役割から，ガイダンスも相談室の管理運営もはずされ，16年の間に日本独自の役割として形作られたことがわかります。

　生徒指導主事が日本型のスクールカウンセラーとして発展しなかったのは，教育相談すなわち個別指導が生徒の問題解決の用をなさないからではありません。少なくとも生徒指導の手びき（文部省, 1965）をみる限り，非行から不登校まで相談教師が支援対象とする問題は多岐に渡っているのですが，いかんせんそれに対して教育相談の技法として紹介されている内容が貧困すぎるのです。

　日本がスクールカウンセラーをモデルとして意識した1940年代のアメリカは，ロジャーズ（Rogers, C. R.）の来談者中心主義が席巻した時代でもありました。日本の教育界で，ロジャーズの来談者中心主義は，非指示的療法として知られています。「この立場に徹しようとする人たちは，相手の言おうとしている感情に焦点を合わせることの方が，言っている内容より大切であると主張する（文部省, 1965, 1981）」とは，来談者中心主義のことだと思われます。しかし，現実にはロジャーズその人の面接（Rogers, 1980）は，問題の焦点から目を逸らさず，追いつめることも辞さないかのようにみえる激しさです。「手ぬるい」「甘やかす」の反対です。自己主張の強さが違う日本人がロジャーズの共感的理解の概念を援用すると，ロジャーズを離れてあまりにもマイルドなカウンセリングになってしまうのかもしれません。

　カウンセリングには，問題と直面するための技法も数多く存在し，クライエントの感情に揺さぶりをかけるものほど高度な技術と熟練が要求されます。カウンセリングの技法は，①話を聞くための技法，②アセスメントのための技法，③治療技法に大別されますが（Hill, 2004），生徒指導の手引では③の治療技法が扱われていなかったのですから，そのような状態で問題解決を望む方が無理なのです。生徒指導主事に「その人」が得られなかったわけでも，組織だてたバックアップが管理職から得られなかったせいでもなく，問題解決技法が得られなかったため，教育相談を担う相談教師が生徒指導を統括する昭和40年の勢いが失われていったのです。

5　教育相談を支えてきた教師たち

1. アメリカのスクールカウンセラーと日本の教育相談係

　小泉は，平成2（1990）年出版の『学校教育相談・初級講座』の序文で，教育相談導入後の30年を「その間の紆余曲折は，まことに苦難の歴史といってもよいと思います」と述べました。東京都立教育研究所の指導主事として，昭和43（1968）年にアメリカの学校視察に行った小泉は，アメリカのスクールカウンセラーの役割に対する驚きを以下のように記しています（小泉, 1973a）。

　　カウンセラーが複数いる学校では，カウンセリングのディレクターがいて，ガイダンスの部門を担い，ガイダンスディレクターは副校長と同格になる。カウンセラーになるためには，教職経験を4，5年やって，その上に大学院修士課程でガイダンスに必要な資格を取り，州によっては職業指導のために他の職業経験を1つ持っていることが必要だ。他の職業経験があり，大学院修士課程を出て，教職経験がある。これだけの資格をもった人が

カウンセラーの資格を得るわけです。

　そしてこのスクールカウンセラーは問題児をなおしてはいないのです。学校に問題児がいた場合，学校の外にある教育委員会に連絡すると，教育委員会に所属するスクール・サイコロジストとかスクール・ソーシャルワーカーが派遣される。検査やアセスメントやカウンセリングをするのは博士課程を出たサイコロジストで，家庭に連絡をとって訪問するのはソーシャルワーカーだ。

　学校の中のカウンセラーは，授業の単位をどのようにとったらいいかとか，履修する授業を変更していいかとか勉強がわからないなど教育上の相談，職業指導，問題児までいかない生徒の個人的な相談が仕事だ。大学院で訓練されたカウンセラーでもその程度のことしかやってはいけないことになっている。

　ところが，日本では先生が教育相談係になって学校で教育相談を始めると，学校で一番困る問題児をなおす役割を期待される。そして先生方がカウンセリングや教育相談をやろうと思っても，自発的に勉強するだけで，組織的に訓練をやるという機関はない。大学でもやっていない。実に難しい問題だ。しかし，日本の先生方は営々として勉強をして，そして実際になおしている先生もいらっしゃる。

　だから，私は向こうに行ったときに，われわれ日本の教師は優秀なのだなと感じた。反面，実に無理なことをやっている。専任でもなくて，そういう難しいことを訓練もうけずにやっているのだから，アメリカと同じ条件におかれたら，これはすごいことをやり出す国民だなと思うのです。アメリカでは条件がよく整っていて，驚くような資格の人がとても簡単なことを着々とやっている。日本人は，優秀さとあぶなっかしさ，基礎づくりをしないでやっている無理さかげんがある。相談係だからと問題児を扱うことが教育相談の役割なのかどうか，非常に混乱した。

　小泉（1973a）の文章からは，相談教師のモデルであるアメリカのスクールカウンセラーの高次の資格と，それに対する業務のシンプルさを目の当たりにした戸惑いがよくうかがわれます。当時の日本の教育水準では，カウンセリング心理学（渡辺, 2002a）や学校心理学（石隈, 1999）が開講されている大学はなく，スクールカウンセラーやスクールサイコロジストの大学院での養成など及びもつきません。カウンセリング関係の図書にしても，当時の東京教育大学のカウンセリングの教科書が生徒指導の手びき（文部省, 1965）だったくらいですから，これ以上に詳しい専門書が簡単に手に入るわけではありません。もちろん，現場にスーパーバイザーが配置されているわけでもありません。それなのに日本の相談教師には，アメリカのスクールカウンセラーが深刻なケースをリファーする博士課程修了のスクールサイコロジストの役割を期待され，学校中の解決困難な問題を抱えた生徒への対応を依頼されるのです。

　小泉は，要求される専門性に対して与えられる知識・技術・訓練の両国の差異に愕然とするばかりでした。

2.　日本の教育相談を支えてきた教師たち

　そして小泉は教育研究所に戻り，東京都全域から通ってくる不登校やかん黙，発達障害などの児童生徒の相談業務を続けました。さらに，視察の帰国から5年後，カウンセリングの専門用語をわかりやすく解説し，臨床での経験を基に学校不適応に陥った子どもの心理や家族的背景，それらに対するアプローチの方法などをまとめて，教育相談のための実践的入門書を上梓しました（小泉, 1973b, 1975, 1980 他）。手探りで不登校児と対峙し，有効なかかわりを抽出し

て理論化を試みた，暗中模索の実践記録ともいえるもので，教育相談に苦悩する相談教師や担任への配慮とエールが込められています。小泉がつくった潮流は，月刊生徒指導や月刊学校教育相談といった教育誌の発行にこぎつけ，現場の教師への知識と技術の配信が続けられました。

「日本の学校では，そこに問題を持つ子どもたちがいるから，無理でも困難でもスクールカウンセラー制度が確立するまではやらざるを得ない実情があった」（小泉，1990a,b）。小泉を動かしたのは，いわば教育現場の支援者魂ともいえるでしょう。

そこに問題をもつ子どもたちがいるから，そして彼らはそれぞれの事情を抱えて苦戦しているから，とにかく目の前で支援を必要としている子どもたちに自分のできることを行ってきたという支援者魂は，教育相談を担当した幾多の教師から異口同音に語られます。自分の費用と自分の時間を使った自前の勉強で（大野，1997a），試行錯誤して奏功した実践を理論化し（大野，1997b），獲得した知識と技術を普及する努力を惜しまず（長坂，2000），方法論を手に入れるために大学院で学んだ教師たちは現場での問題と理論をつないで教育相談のためにアレンジし（栗原，2001; 小澤，2003a 他），学校だけでおさまらない問題には地域との連携を模索し（和井田，2000），現実には最善を尽くしてなお立ちはだかる教育相談の限界に立ち向かい（田中，2005，2007），多くの教師たちの努力と忍耐に支えられて教育相談は営々と繰り広げられてきたのです。言わずもがな生徒指導もまた，目の前の生徒の問題をなんとかしたいという思いが営々と教師たちから教師たちに受け渡されて現在にいたるのです。

3.　行政による教師カウンセラーの養成

文部省は，専門の学校カウンセラーの養成を手がけようと昭和45（1970）年から中学校カウンセラー養成講座を主催しました（文部省，1971）。昭和50（1975）年，生徒指導主事が主任として位置づけられ，教師を対象に文部省主導のカウンセリング技術指導講座が開講される他，都道府県教育委員会主催のカウンセリング研修も行われるようになりました。それは現職教育として研修を付加することで，教師や養護教諭にスクールカウンセラーの役割を定着させようというものでした。

また，教育相談の技法を学ぶため，教育学部をもつ大学に現職の教師が半年から1年間，内地留学生として派遣されました。都道府県各教育委員会からの内地留学生を受け入れた大学では，いずれも熱心な指導が行われました。治療的カウンセリング（真仁田，1990; 真仁田・堀内，1979；真仁田・内藤，1981 他），行動療法（内山，1988; 内山・高野，1973，1976 他），サイコドラマ（田中，1970，1972，1973 他），催眠療法と動作法（大野・竹山，1972; 大野・堀内，1979; 大野・村田，2003a,b 他）などの理論や文献の学習が行われました。また，教師自身が実際に相談ケースを担当し，その内容について教授からのスーパービジョンやインテークカンファレンスが行われました（田上，2017）。

しかし，当時の大学の教育相談研究施設は，数少ない心理相談の臨床施設として心理療法を必要とする重篤なケースが紹介されてきました。そのため，多くの内地留学生は心理療法の専門家としての理論と技法を身につけたのです。内地留学に学んだ教師たちは，臨床心理学的支援の専門家として各都道府県に戻り，教育研究所を中心に不適応児童生徒の治療的支援を行いました。

そのため，教育相談とは個人の治療を目的とする心理療法であるかのような印象も生じました。そして，学校環境への適応と個人の成長のために子ども個人と集団をつなぐガイダンス＆カウンセリングとサイコエデュケーションは，主に学級担任が担い続けました。

6　スクールカウンセラーの導入とチーム学校

1.　スクールカウンセラーの誕生

　昭和50（1975）年に1万人だった不登校児は，昭和57（1982）年には2万人に，昭和63（1988）年に4万人，平成4（1992）年に7万人と増加の一途で，毎年記録の更新を続けました。また，昭和61（1986）年に東京都の男子中学生が「このままじゃ生きジゴクになっちゃうよ」といじめを苦に自殺しました。そして平成6年（1994）年に愛知県の男子中学生が級友の恐喝を苦に自殺し，再度いじめが社会問題化されるきっかけとなり，世論の反響を呼びました。

　文部省では，いじめ自殺事件による世論の高まりを受けて3億700万円の予算が認められ，スクールカウンセラー活用調査研究委託事業開始にいたりました。人的配置には，京都大学の河合（2008）が全面協力を申し出，理事長を務めていた日本心理臨床学会に所属する臨床心理士が，心理学の専門家として試験的に全国都道府県の公立小，中，高校154校に1週に8時間派遣されることになりました。平成7（1995）年4月のことでした。

　それは，教師をカウンセラーとして養成訓練する予算措置ではなく，心理臨床の専門家を雇用する画期的な試みでした（村山，1995）。複雑化し，深刻化している問題には専門的知識と経験が必要であり，児童生徒や保護者に対するカウンセリングや教師に対するコンサルテーションがダイレクトに提供されることから，学校領域で山積する問題解決への可能性として多大な期待が寄せられました。

　しかし，学校現場を経験してきたわけでも，子どもの適応を扱ってきたわけでもない心理臨床家が，どのように教育臨床をカバーできるのか，教師集団からは期待と不安をもって迎えられました。また，スクールカウンセラー導入の直前まで，教育相談の研修を積み，スクールカウンセラーの役割を担おうと志す教師も少なくなく，そのための研鑽を重ねてきた教師たちにとって，外部からの専門家の導入に戸惑いや混乱がないわけがありません。そのような状況下で，専門職としてスクールカウンセラーを受け入れようとする姿勢には，学校ごと，教師ごとに激しい温度差がありました。

　「スクールカウンセラーは学校には必要ない」「せっかく教育相談がうまくいっているのにスクールカウンセラーにチームワークを乱されたくない」「相談室で生徒を甘やかされたら困ります」「カウンセリングは聞くだけの仕事」「カウンセラーなんだから生徒の問題を治してください」「カウンセリングで保護者を変えてください」さまざまな教師のさまざまなカウンセリングイメージは，ときに学校現場で一人歩きをし，ときにスクールカウンセラーと学校の間に壁をつくることもありました。しかし，多くの教師たちは，児童生徒の問題解決のためにスクールカウンセラーとの連携を図ろうと努力しました。

2.　スクールカウンセラー事業の拡大と教師の専門性の洗練

　平成7（1995）年に154校のモデル校を皮切りに開始されたスクールカウンセラー事業は，平成12（2000）年に2,250校，平成17（2005）年に9,547校と拡大し，予算も42億円を超えました。文部省では，スクールカウンセラー以外にも，平成2（1990）年に適応指導教室事業，平成10（1998）年に心の教室相談員配置事業など，多くの施策と予算を投入しました。

　しかし，その施策意図に反して不登校率は上昇し，平成10（1998）年以降は10万人を超え続けました。国立教育政策研究所生徒指導研究センターでは，スクールカウンセラー導入以降も不登校の増加が続く期間を「空白の10年間」と称し，スクールカウンセラー事業をはじめ，

その間に実施された施策の効果に疑問を投げかけました（滝, 2009）。これまでの施策は「不登校になった児童生徒」の「心の問題」への対応を中心とした事後対策で，それでは問題の改善を十分には図れないというものでした。

　平成 13（2001）年に科学技術庁と統合された文部省は，文部科学省と名称変更し，不登校対策を学校現場の最優先課題に位置づけました。第一に検討されたのは，多様な児童生徒に対応するための教員の資質向上でした。平成 19（2007）年の教育委員会への通知では，学校に特別支援教育コーディネーターの指名を求めました。特別支援学級だけでなく，通常学級でも増加の一途をたどる軽度発達障害の子どもの多様な支援ニーズに対策できる専門職の錬成が意図されていました。特別支援教育コーディネーターには，校内の発達障害児の実態把握と，個別の教育支援計画の策定が求められました。専門性の高い特別支援教育コーディネーターが個別の教育支援計画を作成できれば，それに則り，通常学級の担任も適切な支援が実施できると考えたのです。そして，特別支援教育コーディネーターには，担任はじめ校内の教職員に対するスーパービジョンが期待されました。その役割は，アメリカのスクールサイコロジストに該当しています。

　また，同年の平成 19（2007）年に教員免許法が改正され，教員資格が終身資格から更新資格に変わり，10 年ごとに 30 時間以上の講習が課されました。その目的は，定期的に最新の知識と技術を身につけることで，教員が自信と誇りを持って教壇に立ち，社会の尊敬と信頼を得ることだと解説されています（文部科学省, 2011）。

3. 子どもと教員を支援するチーム学校

　その一方で，OECD 国際教員指導環境調査では，調査対象の 34 ヶ国のうち，日本の教員の労働時間が突出して長く，世界の教員の平均労働時間の 1.4 倍にも達していることがわかりました。しかし，その内訳は，課外活動指導が平均の 3.6 倍，事務作業が 1.9 倍に上るのに対し，授業時間は世界の平均を下回っていました（国立教育政策研究所, 2014, 2019）。そして，労働時間の長さに反して，児童生徒の訴えを十分に聴く余裕がないと回答した教員は全体の 6 割を上回っていたのです。さらに，教員の精神疾患による休職者も急増していました。

　そのため，教員が本来の役割である教務に専心し，その専門性を発揮できる環境整備が喫緊の課題となりました。教員とは異なる専門性をもった教育職員を学校や教育委員会に配置し，それぞれの専門性を活かして連携することで，教員の負担を減らしながら学校組織としての総合力を高めていこうというものです。

　そこで，不登校児童生徒への支援資源として，市区町村教育委員会へのスクールソーシャルワーカーの導入が検討されました。不登校とは，児童生徒が学校に登校できず家庭にこもっているという問題なのだから，本当に必要な支援は家庭訪問にあるのではないかと協議されました。家庭訪問支援の専門家として，スクールソーシャルワーカーの活用に期待が集まりました。

　こうして，平成 20（2008）年にスクールソーシャルワーカー活用事業が開始され，担任を取り巻く専門職は，いまやアメリカの教育制度に並びました。生徒指導部に並存して校内配置されているスクールカウンセラー，スクールサイコロジストの役割を担う特別支援教育コーディネーター，学校か教育委員会に配置されるスクールソーシャルワーカーです。今日の児童生徒の多様な問題に対し，これらの専門職が連携するチーム支援がさまざまに求められています（文部科学省, 2018）。しかし，教師以外の専門職は，おおむね 1 週 1 日勤務の非常勤職員に過ぎず，その負担が教師だけに顕著に偏っていることを忘れるわけにはいきません。

　それにしても，明治 5（1872）年の学制発布以来，平成 7（1995）年のスクールカウンセラー

　活用調査研究委託事業まで，日本の学校での専門職とは教師だけでした。教師は，学習の教授をはじめ生活指導や教育相談まで，学校での子どものあらゆる問題への対応を一手に担ってきたのです。それに比べれば，仮に不十分であってもチーム学校体制の創設は，日本の教育臨床の大きな歴史的進歩です。放課後デイサービスや学童保育，幼稚園，保育所，子育て支援課，生活保護ケースワーカーなど，チーム学校を構成する専門職は他にもたくさんいてくれることでしょう。現在の私たちに与えられた課題は，これらの支援資源を組み合わせ，児童生徒の成長と学校環境への適応を具現するための，より効果的な支援システムのフォーミュレーションを編み出すことなのです。

学校カウンセリングと問題解決システム

第3章

1　学校環境への適応条件

1．学校生活を支える適応条件

　「中学生は，一体学校で何が楽しいと思っているのだろう。そして，学校では何が苦痛なんだろう」と，かねがね筆者は思っていました。あるとき，勤務校の中学校で校長先生と話をしていて，この疑問を伝えたことがあります。すると，その校長先生は，それは是非知りたい内容だから生徒にアンケート調査をしようとおっしゃるのです。校長先生と筆者は，早速「学校で楽しいとかうれしいと思うことは」「学校で苦痛だとかイヤだと思うことは」と教示して，中学生の男女約 150 名に自由記述で問いかけました。

　集計すると，中学生にとって楽しいこと・苦痛なことは，「友達との関係」「級友との活動」「教師との関係」「学習」「部活動」の 5 領域に大別されました。驚いたのは，まるで申し合わせたように似たようなことを書いているのですが，ある生徒はそれを楽しいという項目に書き，ある生徒は苦痛という項目に書くのです。

　筆者は，その自由記述から質問項目を作り，約 1,000 名の中学生を対象にもう一度調査しました。小学校でも同じことをしました。その結果を因子分析という統計手法で解析すると，小・中学生の学校生活を「楽しい」「苦痛」に分けるものは，いずれも「教師との関係」「級友との活動」「学習」の 3 領域に絞られることがわかりました（中村ら, 2005; 中村・田上, 2007）。「友達との関係」は「楽しい」回答に偏っているため解析過程ではじかれ，「部活動」は「教師との関係」「級友との活動」との共通性が高すぎてはじかれ，最終的に 3 条件が残ったのです。この 3 条件は，学校生活の充実感の条件と命名されました（中村・田上, 2008, 2018a,b,c；巻末（pp.101-102）に学校生活充実感尺度を添付しましたのでご活用ください）。

　もちろん学校生活には，充実感の要素が多様にあります。部活動，給食，委員会活動やレクリエーションなどさまざまな要因があげられます。しかし，部活動に所属していなくても学校生活を送っている子どもは少なくありません。給食がなく，弁当を持参する学校もあります。委員会活動やレクリエーションがなくても学校生活が成立しないわけではありません。ところが，学校に①教師が存在しない場合，②学級での級友との活動が存在しない場合，③学習のカリキュラムが存在しない場合，それを学校生活と呼ぶことができるのでしょうか。

　また，学校ストレスの原因についての研究（坂野ら, 2007）でも，学校ぎらいになる要因（古市, 1991），学校に行くことが楽しいと思う要因（古市・玉木, 1994）についての研究でも，学校適応の条件は①教師，②級友，③学習の 3 領域であることがわかりました。

　そして学校生活は，生活の場としての家庭がなくても成立しません。学校とは，家庭の外にあって通っていく施設だからです。家庭の主な役割は，基本的生活と情緒的発達の基礎をなす信頼関係の発達にあります。家庭環境での適応条件は，①基本的生活，②家族関係だというこ

とができます。親子間の信頼関係をベースに，基本的生活習慣の獲得を通して，親は子どもに保護としつけを行います。

　①教師，②級友，③学習，④基本的生活，⑤家族関係という5条件は，子どもの学校生活にとって欠かすことができません。これらの条件は，学校生活が成立するために必須の条件だといえるでしょう。

2. 学校環境に適応するための発達課題

　同じ課題に対して充実感を抱ける子どもと，苦痛を覚える子どもの条件の違いのひとつに個人の発達差が考えられます。子どもの発達は，発達課題の獲得状況を手がかりにとらえることができます。発達課題とは，人間が健全で幸福な発達を遂げるために，乳児期，幼児期，学童期，青年期など順を追った人生の各発達段階で達成しておかなければならない課題（Erikson & Erikson, 1997；図3-1）です。各発達段階での発達課題の獲得に失敗すると，それ以降の適応が困難になり，健康な発達が阻害されてしまいます。発達課題が未獲得である場合は，その獲得支援が支援者にとっての課題になります。その課題が獲得できなければ，実際の年齢があがって身体は成長しても，心理面や社会性の発達を遂げることができないからです。

　中学校時代までの子どもについて，ハヴィガースト（Havighurst, 1953），ノーマン（Norman, 1963），遠藤（1995），エリクソンら（Erikson & Erikson, 1997），保坂（1998），石隈（1999）の提唱する発達上の課題を整理して一覧表にしました。就学までについて表3-1に，学齢期について表3-2にまとめました。

⑴小学校入学までの発達課題

　小学校に入学して教室の自分の席に座って授業を受ける。あたり前のことかもしれませんが，これができるようになるためには，気の遠くなるような保護者の養育努力の積み上げがあります。

　まず，お母さんから離れて不安にならずに学校に通うためには，赤ちゃん時代に人や環境に対する基本的信頼が獲得されていなければいけません。赤ちゃんは，泣いて不快を訴えると，ミルクやおむつや抱っこなどさまざまなケアを与えられることで，養育者に絶対の信頼を寄せ，

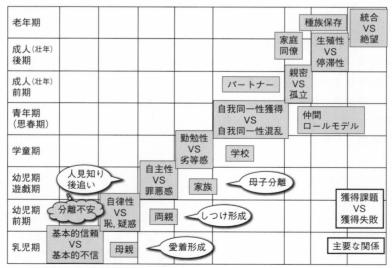

図3-1　生涯発達モデルと発達課題（Erikson & Erikson (1997) を参考に加筆）

表 3-1　就学までの発達課題

	発達に重要な環境	対人関係の発達	心理的発達課題	機能的発達課題
0 歳	（乳児期） 母親的人物 家族	・養育者との 1 対 1 の関係	・愛着形成 ・基本的信頼感の獲得	生理的安定
1 歳		・家族との 1 対複数の関係	・協調的相互交渉 ・人見知り・母子分離不安（母子一体化）	食事の開始 歩行の開始 探索行動
2 歳			・危険の禁止と善悪の区別 ・基本的生活習慣の獲得	話す学習
3 歳	（幼児期前期） 家庭	・同世代の子どもとの 1 対 1 の関係	・自律性（自己コントロール）の獲得	排泄習慣の自立
4 歳			・母子分離	
5 歳		・同世代の子どもとの複数の関係	・自主性の獲得 ・ルール遊び ・正と不正の区別	
6 歳	（幼児期後期） 家庭 幼稚園・保育所			
7 歳 就学	（学童期）学校	・教師の指示に従う ・級友との関係	・小学校への適応	

表 3-2　学齢期の発達上の課題

	教師との関係	級友との関係	勉強	家庭生活
小学校	・教師の指示に従って統制的に行動する ・教師の示す規範を内面化する ・合理的価値判断力を発達させる ・良心，道徳性を発達させる	・同年齢の友達と仲良くする ・友だち関係を広げる ・同年齢の集団の一員として行動する ・ギャング・グループの形成	・読み・書き・計算の基礎的技能を発達させる ・具体的な材料を対象として，論理的に思考できる ・勤勉に学び，生活する態度を身につける	・感情を統制し，規則的な生活を送る ・自己に対しての肯定的で適切な態度を身につける
中学校	・内面を言語化して伝える ・教師の与える規範を現実検討する	・親しい友人をつくり，親密かつ率直に話ができる ・チャムグループで仲間に忠誠する ・性役割の変化に応じて行動できる	・抽象的な思考や科学的論理を追求できる	・親から情緒的に自立し，自分なりに行動し判断する

情緒安定の基礎を築きます。これが基本的信頼の獲得です。赤ちゃんは時間を選んで泣いたりしませんから，その陰には両親の昼夜を問わない献身があります。子どもが，養育者に絶対の愛情と信頼を確信できると，脳の発達に伴って母のイメージが幼児の内部に取り込まれ，具体的に母像を目で確かめなくても，不安を感じずに母から離れて過ごせる母子分離が 3 歳頃までに進みます。

　児童期までの子どもは，親から守られている安心感の中で成長します。子どもの中に取り込まれる安心感が乏しいと，不安で母から離れることが難しくなります。ネグレクトなどケアの不足や加虐などで，子どもが親に対して抱く信頼感が獲得されない場合は，愛着障害が起こり，他者に信頼を寄せたり，自他との関係を親密に築く力が育たなくなってしまいます。母子分離にあたり，子どもに取り込まれる母の役割とは，外の世界で起きる問題を整理し，外とのつながりを保ちつつ不安を払拭する防波堤の働きです（杉山, 2016）。この心理的な防波堤が，日常

の母からの働きかけを通して子どもに取り込まれ，内在化されないと，不安が高くて自己肯定感が低く，意欲や感情表現の乏しい子どもに育ちます。

　逆に，過保護・過干渉など，親が子どもと近すぎる関係をつくっている場合も，安定した母子分離ができません。親が，我が子への強い一体感をもっていて，心配や期待から，家庭外での子どもの仲間づくりや遊びをコントロールすると，子どもの言動は親の価値観に支配されてしまい，それゆえに仲間との関係形成に亀裂が生じる場合があります。子どもの活動は，親のコントロールが介在すると，一見自主的に見えても自由な試行錯誤や失敗経験が乏しくなり，結果的に親の威を借りた成功体験が自己肯定感を空洞化させてしまいます。そのため，過保護・過干渉の親子関係は，思春期での親の価値観から独立してアイデンティティを獲得するという課題に直面して苦戦を強いられます。結果的に，親が手をかけない放任も，手をかけすぎる過保護・過干渉も，どちらも子どもの自主性の成長や仲間形成を損ない，健全な発達を阻害してしまうのです。

　母子分離では，外在する親の存在を確認しなくても，親から与えられる保護を子ども自身が内在化します。こうして心理的な防波堤が獲得されると，家庭外の世界で活動範囲を広げて自主性を獲得するにいたります。そのため，親子関係の距離は遠すぎても近すぎても，母子分離を達成することができません。母子分離は，親子間の信頼関係と距離感が適切に獲得された結果として達成される発達課題で，他者との関係をつくるための土台となるだけでなく，親との一定の距離を保って自主的に世界を広げ，やがて自立を達成する第一歩でもあるのです。そのため，母子分離が達成されていない場合，子どもは不安で，保護者のいない学校で過ごすことができなかったり，教師や級友との関係をうまくつくることができません。

　また，子どもは家庭生活での基本的生活習慣を身につける過程で，しつけを通して，善悪の区別，自律性（自己コントロール），自主性，主体性，自己主張，コミュニケーション力，誠実さ，忍耐力などを身につけます。一貫したしつけは，子どもの自己コントロール感を養いますが，厳しすぎると自主性や自律性が育まれません。逆に，幼児期までに大人からきちんと統制された経験が乏しいと，就学後，教師の指導に従うことが難しくなります（石隈，1999）。先生の指示に従ったり，チャイムでの着席など，一見簡単に見える学校でのルールに従って生活するためには，しつけを通した自律性の獲得が不可欠です。

⑵教師との関係で育まれる発達課題

　学校での学級集団は，学習集団であると同時に生活集団でもあります（保坂，2000）。教師に求められるのは，授業者として学習の習得を指導する役割と，社会性の獲得を支援する役割です。

　小学校入学後の子どもは，家庭での親に代わる存在として，学級担任に大きく依存して学校生活を送ります。当然，教師の影響力はきわめて強く，極端にいえば学級担任が提示するルール（教育方針）が子どもたちには唯一絶対のルールともなります（保坂，1998）。教師は，授業を成立させるために，授業中は座っていることや，勝手に話をしないこと，指示に従ってノートをとるなどの授業ルールを徹底させます。子どもには，このような教師の指導に従い，統制的に行動する自律性や忍耐力が求められます。中学年では，子どもは教師の示す規範を内在化させ，言われなくても秩序に従う自発性を身につけます。

　高学年以降は前思春期を迎え，大人が示す規範への現実検討力が育ちます。コミュニケーション力や抽象思考の発達につれて，全面受け入れをしないながらも他者と折り合う行動調整力も育まれます。そのため，高学年から中学生では，子ども自身の行動観察によって大人の人間性や専門性が評価され，子どもなりの評価基準を満たす教師以外は無視や攻撃の対象となり，

受け入れてもらえないことも少なくありません。子どもたちの現実検討に照らし，納得できない価値観が教師から提示され続けた場合，授業崩壊や学級崩壊が発生することもあります。

(3)級友との関係で育まれる発達課題

　級友との関係をつくり，継続していくために絶対に必要なのはコミュニケーション力です。そして，そのコミュニケーション力には，周囲と折り合う協調性や自律性，誠実さが伴っていることが必要です。また，級友との友好的な関係を形成・維持するためには，学級で起きているできごとを理解する知的判断力が求められます。さらに，相手の立場や気持ちを理解する共感性と，相手に振り回されずに自分の立場を主張できる主体性や自己主張力の両方を備えていないと，対等な関係を維持することができません。対等な関係の中では，ときに傷つけたり傷つけられたりする場面にも遭遇するので，仲間関係維持のためには，自分の非を認めて詫びる誠実性や，攻撃をかわす柔軟性や回復力（石毛・無藤，2005, 2006；深谷，2007）も不可欠です。

　さて，小学校高学年の前思春期は，親からの自立に向けて，大人から与えられる価値規範の受け入れを拒む不安定な時期です。この不安定さを補うために，子どもたちは中学年から高学年にかけて，同世代の仲間集団で結束するギャング・グループをつくります。ギャング・グループは，遊びを媒介に形成され，同一行動による一体感を重んじ，同じ遊びを共有できないものは仲間からはずされます。

　思春期前半の中学生になると，仲間関係の求心力はさらに強まり，その集団だけにしか通じない同一言語をつくり出して独自性を高め，一体感を確認し合うチャム・グループがつくられ

表3-3　仲間グループの課題と特徴

形態	ギャング・グループ	チャム・グループ	ピア・グループ
形成年代	学童期 小学校中学年〜 高学年	思春期 小学校高学年〜 高校	青年期 高校〜
集団規模	3〜6人	2〜3人	不特定
媒介変数	遊びが媒介の 同質集団	価値観が媒介の同質 集団	個の確立を前提にした 異質集団
距離感	遊びでメンバーが 入れ替わる疎結合	密着して固定 異質をはじく	目的に応じ意図的に 形成
特徴	家族以外の「最初の社 会との出会い」人間関 係づくりの土 台をなす	大人から独立するた めの補完的関係 自己のアバター（分身） を担う	異質な価値観を尊重し， 異世代にまたがる目的 集団

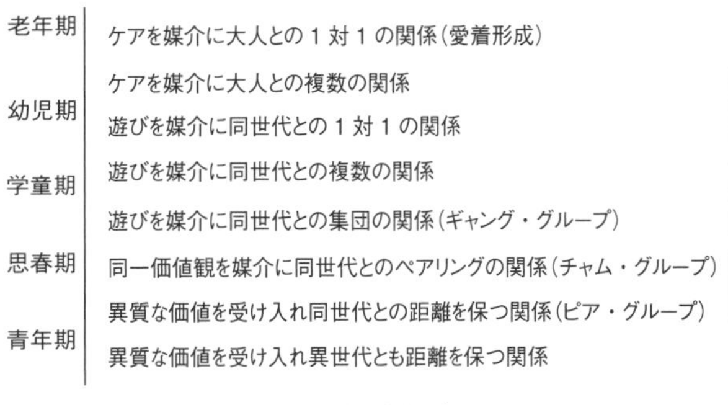

老年期	ケアを媒介に大人との1対1の関係（愛着形成）
幼児期	ケアを媒介に大人との複数の関係 遊びを媒介に同世代との1対1の関係
学童期	遊びを媒介に同世代との複数の関係 遊びを媒介に同世代との集団の関係（ギャング・グループ）
思春期	同一価値観を媒介に同世代とのペアリングの関係（チャム・グループ） 異質価値を受け入れ同世代との距離を保つ関係（ピア・グループ）
青年期	異質な価値を受け入れ異世代とも距離を保つ関係

図3-2　対人関係の成熟プロセス

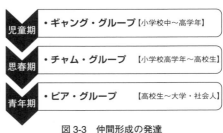

図3-3　仲間形成の発達

ます。チャム・グループは，同一価値観を媒介に形成され，2〜3人の「相棒」どうしで構成される密着度の高い同質集団です。「相棒」は，子どもたちが自分探しを積み上げ，自分づくりをするための分身やモデルを担い，アイデンティティを形成するための重要な役割を果たします。大人からの独立を図るために，思春期は仲間への忠誠を絶対的に強め，お互いに補完し合って自分づくりを達成するのです（保坂, 1998）。ギャング・グループを経て，凝集性の高いチャム・グループで形成される同性との親密な関係は，集団的同性愛期（Hadfield, 1962）とも呼ばれ，同性との密着した関係を経ずに異性との関係をつくっても関係は破綻しやすいといわれます。

　思春期以降は性差が現れ，男子は個人の達成によって，女子は身近な人間関係に支えられることによって，自己肯定感を取り込みます（Carlson, 1970; 蘭, 1992）。

⑷学習で育まれる発達課題

　学習を通して獲得されるものは学力です。しかし，きちんと授業に参加するためには，教師の示す規範に従う忍耐力や誠実さが必要です。授業では，理解力，思考力など知的能力の他に，注意力や集中力，教師や級友の話を聞き，自分の考えを伝えるコミュニケーション力も求められます。また，自分から学習に取り組むためには，自主性，主体性，自律性が求められ，その積み上げによって勤勉性が培われます。学習の定着には，宿題の遂行など家庭学習も欠かすことができず，家庭での学習習慣の確立も学習と折り合っていくための条件です（「学習」適応のためのフォーミュレーション p. 54 を参照ください）。

3.　価値のトライアングルと学校適応

⑴価値のトライアングル

　発達課題が年齢なりに育まれていない場合，教育課程は学年ごとに標準的な水準の難易度の内容で構成されているため，課題への適応が難しくなります。ところが，平均以上に発達課題が獲得されているはずの優等生が無気力に陥ったり，部活動での強化選手が不登校を始めたり，知的発達と課題レベルのアンバランスだけでは説明できないトラブルも少なくありません。

　田上他（2007）は，学校生活での適応に欠かせない要因について，子どもがどのようなことに価値を置いて生活しているかを「価値のトライアングル」で説明しています。成功や評価を求める「社会的パワー志向」，活動そのものを楽しむ「活動志向」，人との関係を大切にする「人と共に志向」という3つの価値観のバランスによってその人の生活パターンがつくられるというものです。成功や評価を求める「社会的パワー志向」が十分取り込めていないと，学習や活動での成果に対する粘り強さが不足し，十分な能力を発揮できないままに終わることもあります。活動そのものを楽しむ「活動志向」が十分取り込めていないと，こつこつ積み上げて達成を求める勤勉性が育ちにくくなります。人との関係を大切にし，人の役に立ちたいとか，共に過ごすことを楽しむ「人と共に志向」が取り込めていないと，級友との関係づくりがおろそかになります。「社会的パワー志向」「活動志向」「人と共に志向」の3領域をバランスよく取り込んでいることが安定した社会生活を送るうえの秘訣です。いずれかに偏ったり，欠けていると，環境的な条件が変化したとき，全体のバランスを崩しやすくなります。

　また，子どもの価値観は，保護者の価値観や学校の方針など，環境要因の影響を受けて取り込まれる傾向があります（田上, 2007; 図3-4）。

　たとえば，サッカー部を例にあげると，試合に勝ち抜いて優勝をねらうのは，社会的パワーの追求です。ボールを追いかけたりプレイを極めようとするのは，活動の追求です。部活動での仲間との交流を楽しむのは，人と共に志向の追求です。これらの価値観がバランスよく子ど

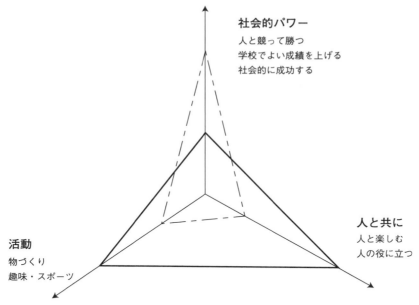

社会的パワー
人と競って勝つ
学校でよい成績を上げる
社会的に成功する

人と共に
人と楽しむ
人の役に立つ

活動
物づくり
趣味・スポーツ

図 3-4　価値のトライアングル（田上他, 2007）

もに取り込まれていれば，試合で負けたからといって，子どもは別の価値観から達成感を得ることができるはずです。しかし，「勝つ」という社会的パワーだけが追求されると，「勝つ」ことができなかったとき，子どもは挫折から立ち直ることができません。

⑵「人と共に」活動できなくて挫折した B くんの場合

　B くんは中学 1 年生のサッカー部員です。1 年生でただひとり新人戦のレギュラーに選ばれ，監督や先輩の期待を集めていました。ところが，2 年生の勢力争いに巻き込まれ，B くんはシュートが決まらない Z 先輩へのパスを強要されるようになりました。試合で負けるたび，B くんは Z 先輩にばかりパスを回している自分を責め，後悔していました。かといって先輩グループに逆らう勇気もありません。やがて B くんは，活動そのものへの意欲を消耗して不登校に陥りました。

　これは，B くんも勢力争いをする 2 年生も「人と競って勝つ」という社会的パワー志向に偏り，人間関係を調整したり苦楽を分かち合おうとする「人と共に志向」の機能を発揮させられなかったために全体のバランスが崩れ，活動への志向も弱ってしまった例です。この事例では，練習メニューを工夫して 1 年生どうしの絆を強め，「活動」「人と共に」の志向を強めることで，部活動は活気を取り戻しました。相談室への部分登校をしていた B くんは，同級生に誘われて部活動に復帰し，その後登校が回復しました。活力とチームワークに恵まれたサッカー部は，試合でも成果を発揮できるようになり，パワーバランスへの注目による個人と集団の立て直しは成功をおさめました（中村, 2008）。

2　学校環境への適応と問題システム

1．集団社会化と学校適応

　集団社会化論（Group Socialization Theory）とは，20 世紀のアメリカ心理学界最後の革命と称されたハリス（Harris, 1995, 1998, 2000, 2006 他）の理論です。ハリスは，行動療法の父とうたわれるスキナー（Skinner, 1953 他）が心理学部長を務めていた時代にハーバード大学

の大学院修士課程を修了した才媛です。大学院での学友と結婚して授かった一粒種の姉と，養子縁組をした里子の妹の二人のお嬢さんを育てました。しかし，同じように育てたはずなのに，姉娘は幼児から優秀で快活かつ冷静なのに対し，妹娘は学習を嫌い，幼児から粗暴でトラブルメーカーであり続けました。同じ刺激を与えても異なる反応を引き起こし，スキナーの学習行動の理論を繰り返し続ける姉妹の差異についての問いが，ハリス（1998）の革命的理論を成就させました。

　二人の娘の共通点は同じ家庭で育ったことでした。初期のハリス（1998）は，その差異について，娘たちの遺伝子にあるのではないかと仮説を立てました。双子研究では，一人が養子縁組をして遠方のまったく異なる家庭環境で育っていても，成人後の二人は似たような志向と行動と人生の選択にいたっていたからです。ハリスの家庭では，姉妹の知的能力や志向・行動傾向は，幼少時からまったく異なっていたそうです。そのため，幼稚園時代から選択される仲間集団の質も異なり，その遊び方もまったく異なっていました。姉娘は，小学校に入学すると成績優秀者のクラスで，級友たちと統制的で知的なソサエティをつくりました。アメリカの教育制度では，小学校入学時から能力別にクラスが編成されるのです。優秀児のクラスは，周囲の尊敬を集め，皆が課題の成果を競い合うため，教師や親が口出しするまでもなく高い知性とモラルが保たれていました。これに対し，妹娘は，姉とは階層の異なるクラスで，級友たちと騒々しく享楽的なソサエティをつくりました。どんなに教師や家族が注意を重ねても，その仲間集団は喧騒を極めました。中学，高校へと進むにつれて，姉妹の生活ぶりはどんどん差を広げていきました。姉は勉学に励んで名門大学に進学しましたが，妹は不良仲間との外泊を繰り返しました。ところが，妹娘は成人後，学校の仲間集団が解散された後に看護師を目指して学習を始め，国家試験に合格したのです。

　この妹娘の変貌は，何を意味しているのでしょうか。ハリス（1995）は，子どもの社会化に最も強く影響するのは，家庭環境ではなく仲間集団だと唱えました。我が子を幼稚園に入園させて以来，子どもたちは自分に似たような仲間を探してグループをつくり，グループの仲間どうしはますます同化し合い，あっという間に同質の子ども集団がつくられていきました。その求心力が親よりもはるかに強いことに，ハリスは圧倒されていたのです。ハリスは，子どもの行動規範に影響を与えるものは，遊び仲間の集団モラルだと確信しました。仲間集団に所属している間は，個人の価値観より集団モラルの方が優先され，個人の志向より集団の中で与えられた役割期待を遂行しようと努めるというものです。だから，妹娘は仲間集団から離れた後に，ようやく自分らしさを開花させることができたのです。

　人は，家庭や学校，職場など，いくつかの社会的集団に帰属しています。その帰属集団は，価値観，志向性，偏差値など自分との同質性の有無で選択され，集団の社会的カテゴリーが自分にとって重要な価値をもつほど，強いアイデンティティが獲得されます。しかし，逆に自分との同質性が低い場合は，集団からはじかれてしまうので，離反する選択をしない場合の子どもたちは，その集団になんとか適応できるように集団モラルを取り込もうと必死です。

　また，仲間集団の中には階層があります。成熟度の高い子どもほど階層が高く，個性に応じてリーダーやパシリ，ひょうきんな道化などの役割が与えられ，子どもによっては自身のキャラクターを変更（キャラ変）してでも，仲間から与えられる役割をまっとうしようと努めます。こうして集団での規範や振る舞い方を取り込むことで，子どもの集団社会化が進みます。学校制度が整備された先進国の子どもたちは，級友との関係の中で社会化せざるを得ないのです（Harris, 1998）。

　さて，先述のBくんの事例を集団社会化論に引きつけて考えてみましょう。

　Bくんは，サッカー部の1年生でただ一人新人戦レギュラーに選抜され，部活動では1年生の仲間集団を離れ，2年生集団の中で過ごすようになりました。しかし，2年生は勢力争いで集団が2つに割れており，Bくんは同じポジションのZ先輩に誘われ，その仲間の4人グループと行動をともにしていました。そのグループの先輩たちからは，キャプテンではなく自分たちに従うように命じられ，Z先輩へのパスを強要されました。監督からは，なぜ指示に従わないパスを出すのかと何度も注意されましたが，2年生の分裂はおさまらず，敵対し合う2年生グループの中で，自分の居場所を確保するためには，Z先輩の命令に背くわけにはいきません。

　現実のサッカー部に消耗したBくんは，オンラインのサッカーゲームで選手の育成に没頭して昼夜逆転し，不登校に陥りました。やがて，担任のサポートで別室登校を始めたBくんを救ったのはサッカー部の同級生でした。彼らは別室を訪ねて，Bくんといっしょに練習メニューを考え，部活での練習に誘ってくれたのです。Bくんの欠席以来，レギュラーは2年生だけになりました。そして，Bくんは元の1年生の仲間集団に迎えられることで，2年生集団との軋轢と葛藤から解放されることができたのです。Bくんは，同じポジションで同質性の高い先輩に誘われてグループに加わりましたが，分裂した2年生のレギュラー集団に同化できずに不適応に陥りました。そして，1年生集団への帰属によって生活の立て直しが叶いました。仲間集団への帰属によって集団適応が成立し，そこでの適応のために集団から与えられた役割を必死に担おうとする少年の健気な葛藤を伝えられているでしょうか。Bくんが，監督に背いてもZ先輩グループの集団モラルに従ったのは，帰属集団での居場所を失うまいとする必死の努力だったのです。

2.　学校環境への適応システム

　児童生徒個人にとっての学校環境への適応システムの構造は図3-5のように考えることができます。

　子どもの学校生活は，学校環境と家庭環境がひとつのシステムを成して支えています。学校環境システムは，教師との関係，級友との活動，学習から成り立ち，家庭環境システムは，家庭での基本的生活と家族の信頼関係から成り立っています。学校環境システムと家庭環境システムは，それぞれの要因が絶えず相互影響を繰り返し，就学からの積み上げで学校生活環境としてのシステムをつくっています。

　家庭での保護やしつけを含む基本的生活を通して，子どもは活力だけでなく自律心や忍耐力を養います。基本的生活の中で身につける自己コントロールによって，教師の示す規範や授業ルールに従ったり，家庭学習を行ったりします。家族との信頼関係を維持するためには，自分のことを話したり，相手の話を聞いたり，ルールやマナーを守ったり，ときにはけんかをして傷心から回復する力も必要ですが，このようなコミュニケーション力は教師や級友との人間関係を育むために役立ちます。

　家庭生活で社会性や自律性の土台が養われ，そこに学校生活での教師との関係，級友との活動，学習が発達刺激として与えられると，子ど

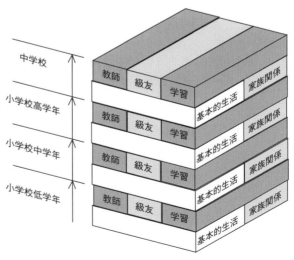

図3-5　学校環境適応システム

もの発達は促進され，その積み上げによって健やかな成長が得られます。子どもにとって，学校生活は家庭生活と対をなしてつくられている環境システムなので，ひとつの要因がポジティブに作用すると，その他の環境要因が相互影響して好循環を生み，学校生活の充実感が高まります。

　しかし，各適応条件に不具合や欠落があるとバランスが崩れます。円環的相互影響がマイナスに働くと，次々にバランスが崩れ，学校生活そのものを積み上げることができません。たとえば，家庭の養育に過保護がみられる場合，基本的生活で養われる自律性や忍耐力が低く，教師の統制に従うことができなかったり，級友とうまく折り合うことができなかったり，学校環境での適応に影響を及ぼします。学校で教師や級友との関係がうまくつくれないと，学校生活での充実感が得られず，学習への意欲も湧かなくなります。すると，家庭での基本的生活も無気力でメリハリがなく，それを見かねて叱責する家族との関係が悪化して相互影響から全体が崩れていきます。

　バランスの崩れが広がると，もはやその次の発達課題を積み上げることはできません。そして学校生活は，学校暦のスケジュールに従ってノンストップで積み上げられるので，子どもの学校生活環境システムのバランスが崩れているとき，学校環境から与えられる標準的な発達刺激はむしろ負担になり，不適応を助長する要因として作用することも少なくありません。子どもの学校不適応とは，このような悪循環の結果発生します。突発的な単独の条件だけで起こるものではありません。

3．学校不適応の問題システム
(1)事例　級友と折り合えない小学5年Cさんの場合

　両親にとってCさんは待望の一粒種でした。わが子に惜しみなく愛情を注ぎ，子どもの意向を極力汲もうと努めてきました。両親ともに学歴が高く，子どもには早期教育を望んで私立小学校を受験させましたが，志望に届かず公立小学校に入学しました。両親は多忙な時間をやりくりしてCさんが学習で困らないように，そして中学受験では希望が叶うように塾に通わせ，交替で学習をサポートしました。Cさんは，学校では申し分のない成績ですが，級友との関係にときどきトラブルがありました。グループの中で意見が分かれたとき，自分の意向を汲んでもらえないことがCさんには耐えられませんでした。そんなときは逐一担任に相談するのですが，教師は両方の言い分を聞き，自分に味方してくれるとは限りません。お母さんは，「公立はレベルが低いから仕方がない」ので，そんな級友に合わせずに，もっと勉強して私立中学校に合格するように言います。高学年になり，より進学実績の高い塾に移ると，Cさんより成績の良い子どもはたくさんいて，両親はもっと勉強に励むようにとゲーム機を取り上げました。塾の実力テストの翌日，Cさんは塾を休みました。そして，その翌日から登校も渋るようになりました。

　この事例では，家庭の価値観が社会的パワーに偏り，子どもが人と折り合いをつけたり活動に没頭できるような配慮が十分になされていません。人と折り合うためのしつけが細っています。自分の意向が通らないと満足できないCさんは，学校で級友との関係をうまく積み上げることができません。その仲裁をめぐって必ずしも味方になってくれない教師との関係もうまく積み上げられなくなってきました。そのCさんにとっての最大の砦は優秀な成績で，それがプライドを支えていましたが，レベルの高い塾に移るとさらに優秀な子どもたちがひしめき，自分の思いどおりの評価を手に入れることができないCさんは支柱のバランスを失ってしまったのです（図3-6）。

⑵事例 宿題が苦痛な中学1年Dくんの場合

　Dくんは，のんびり無理をしない雰囲気の家庭で育ちました。Dくんが進学した中学校は文武両道で学習にも部活動にも力を入れており，標準的な成績の生徒が2時間程度の家庭学習を維持できるように，各教科で趣向を凝らした宿題が出されます。学年ごとに4つのクラスがテストの平均点を競い合い，勝ち上がるための独自のクラスルールがつくられる学校でした。

　水泳部のDくんが部活動の練習でくたくたになり，帰宅して食事後，少し休憩してテレビを見るともう9時です。それから宿題に取り組むのですが，机に向かううちに，いつの間にか眠り込んでしまうこともしばしば，早晩宿題の提出が滞るようになりました。ところが，Dくんのクラスのルールでは，宿題を怠るとペナルティーとして翌日の宿題量が増やされることになっていました。あっという間にDくんの宿題は皆の2倍近くに膨らみました。Dくんは，宿題が消化できないので，毎晩深夜まで取り組みましたが朝起きられなくなり，やがて登校できなくなりました。

　家庭訪問した担任は，保護者から「子どもに多くを求めているわけではないので，無理な宿題を出してほしくない」といわれ，学校の方針との狭間に立たされたように感じました。

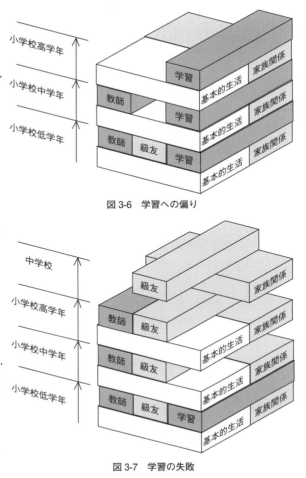

図3-6　学習への偏り

図3-7　学習の失敗

　この事例は，学校の価値観が社会的パワーに偏っていました。地域で一番優れた学校にしたいという管理職の強い思いが教職員を席捲し，それを具現するための学校方針が立てられていたのです。その教育方針に賛同した家庭の子どもたちが集まる私立中学校ならまだしも，公立中学校であったため，その中学校は，学力も不登校率も突出して高い特異な学校になってしまいました。

　Dくん側の問題としては，「成功したい」「評価されたい」などの社会的パワーの取り込みが弱く，課題達成に対する勤勉性を欠き，社会生活を送るうえでのパワーバランスに問題がありました。そして学力面では，小学校高学年以降の学力が十分定着しておらず，小学校生活は学習の苦手感を級友との人間関係の楽しさで補ってきましたが，学力の獲得に比重の高い中学校で，Dくんは自分の存在価値を失ったように感じていたのでした（図3-7）。

⑶個人の条件と環境システムの相互影響

　一例ですが，CさんやDくんの例からも学校環境に不適応を呈する問題とは，決して単独の条件で成り立つわけではないことがわかります。子ども自身の成長レベルや価値観という子ども個人の条件と，学校・家庭という生活環境が相互影響して学校環境への適応システムを構成しています。そして，学校生活への不適応を呈する場合は，これらの要因が相互影響して悪循環をつくり，子どもと学校環境との折り合いを阻む問題システムを構成しているのです。

3 学校環境への適応を図る問題解決システム

1. 事例 小学2年から中学2年まで自宅にこもっていたEくんの場合

　問題の発生メカニズムだけではなく，問題解決にも相互影響するシステムが存在しています。たとえば不登校は，問題システムの悪循環に子どもなりにストップをかけた結果でもあります。登校をやめることで，もはや耐えることのできない嫌悪刺激の悪循環を遮断しているのです。そのようなとき，登校しなくなった子どもに親や教師が登校を促し，なんとか登校させようとすることは，むしろ事態を悪化させがちです。このような場面での登校とは，子どもなりに遮断した問題システムをまた元の状態に戻そうとする苦行です。子どもに登校を促す際，子どもが限界だと感じている問題状況に変化がもたらされていなければ，子どもは一層ストレスにさらされ，さらに問題を悪循環させてエスカレーションを招くことになってしまいます。

　悪循環を遮断するために求められるのは，問題システムを構成する条件のいずれかに何らかの影響を与え，循環のパターンを変えることです。システムは円環的に相互影響し合っているので，システムのどこかに別の条件を加え，何らかの影響を及ぼすことができれば，循環は阻まれ，問題解決への糸口になるはずです。

　小学2年時にいじめから不登校に陥り，そのまま中学2年まで自宅にこもっていたEくんへの再登校支援を紹介します。

　Eくんが登校できなくなった直接の原因は，級友からのいじめにありました。登校できなくなってから，学年が進んで担任が交代するたび，担任や学年主任が家庭訪問をして学校に誘ってくれましたが，登校のきっかけをつかめないままEくんは中学2年生になりました。

　Eくんの居住区では，不登校の子どもに市の適応支援センターの相談員が2週に1度ずつ家庭訪問を行うサポートシステムがありました。相談員は退職教員で構成され，Eくんを担当したのは，男性の退職校長でした。相談員は，不登校の子どもに不用意に登校刺激をして傷つけないよう配慮し，Eくんの好きな虫やテレビアニメの話をして信頼関係を保ってきました。ところが，学年が上がるにつれて趣味も変わり，中学生になったEくんは相談員との面談に意味を感じなくなってしまいました。その関係の行き詰まりを相談員が中学校のスクールカウンセラーに相談し，Eくんの支援はスクールカウンセラーが担当することになりました。中学校では，進級当初に担任が数回家庭訪問しましたが，寡黙なEくんとの会話が成立せず，手の出しようがないケースだと判断されていました（図3-8）。

　初回，スクールカウンセラーは家庭訪問をして，Eくんを緊張させないように母自身

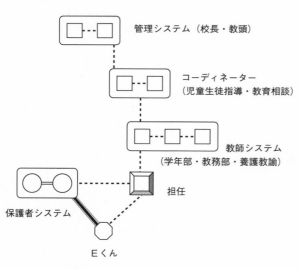

管理システム（校長・教頭）

コーディネーター
（児童生徒指導・教育相談）

教師システム
（学年部・教務部・養護教諭）

担任

保護者システム

Eくん

適度に親密な関係	仲違い・葛藤関係
連合や同盟の密着した関係	別離・縁切り・遮断関係
疎遠な関係	

図3-8 Eくんへの支援開始前の校内支援システム

の趣味の話を聞きました。刺繍が好きな母は，次々に作品を見せてくれました。玄関には刺繍のトラが額装されて飾られ，その隣にはリュウも額装されていました。「強い子に育ってほしいと願いを込めて刺しました」と作品の解説をしてくれる母。

　母との話の合間に，中学校には相談室があって，その部屋ではスクールカウンセラー以外とは話をしないこと，相談室以外はどこにも行かず，誰とも会う必要がないことを説明して，相談室で15分だけ話をしてみないかEくんに勧めました。Eくんはただ黙っています。スクールカウンセラーは雰囲気から否定ではないと受け止め，その場で相談室に連れ出しました。

　その日，Eくんは相談室でスクールカウンセラーに「中学校を卒業したらどんなことがしたいの」と問われて「高校に行きたい」と答え，それをきっかけに学習支援が始められました。Eくんは，スクールカウンセラーの出勤日になると，欠かさず相談室に登校するようになりました（図3-9）。しかし，小学2年生からの不登校で，テレビ漬けゲーム漬けだったEくんは，繰り上がりの足し算もできません。Eくんの自尊心を傷つけないように，九九などの基本的な繰り返し問題にはパソコンの独習教材を活用したり，Eくんの能力とやる気に合わせて手書きで問題を作るなど，工夫が重ねられました。その学習支援には，担任や学年主任も加わり，飲み込みが早く，教えればすぐにできるようになるEくんは，1週1日の登校と家庭学習の結果3ヶ月で四則演算をマスターしました。

　割り算をマスターしたEくんに，スクールカウンセラーは「いまのEくんなら，もっ

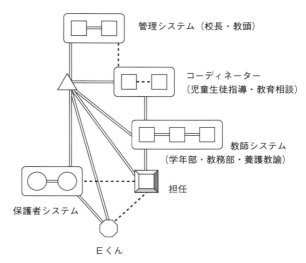

図3-9　Eくんへの支援開始時の校内支援システム

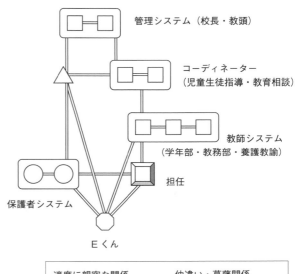

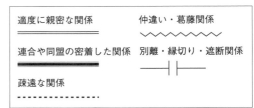

図3-10　Eくんへのチーム支援が機能する校内支援システム

とステップアップできるのではないの？」と問いかけました。Eくんは，相談室への部分登校ではなく，毎日きちんと登校し，勉強して進学することを改めて決意しました。担任，学年主任，生徒指導主事，特別支援教育コーディネーター，管理職とスクールカウンセラーがEくんの個別支援計画について話し合い，学力の遅れに個別指導で対応できるよう特別支援学級への入級を勧めました。Eくんも保護者も納得しましたが，慣れない特別支援学級への登校には抵抗がありました。そこで，これまで同様Eくんは相談室に登校し，ここに特別支援学級の先生が同級生のYくんとともに通ってきてくれました。Yくんは，登校するとほとんどの

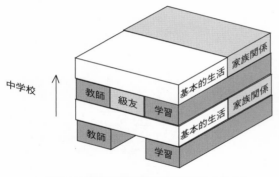

図 3-11　相談室登校で生活を立て直したEくん

時間を相談室でEくんと過ごし，スクールカウンセラーや特別支援学級の先生を交えて学習の他にもカードゲームに興じました。逆に，Eくんとスクールカウンセラーとで特別支援学級の活動に加わり，学習やゲームをして過ごすこともありました。そんな交流が続いた1ヶ月後，EくんはYくんに誘われて，スクールカウンセラーの勤務日以外も特別支援学級に登校するようになり，特別支援学級への登校が定着しました。Eくんの登校定着の牽引を果たしたものは，Eくん自身の進学への意思と学ぶよろこび，それに学級や学年の枠を超えた教職員と級友の手厚い支援でした（図 3-10）。

2. Eくんへの再登校支援と問題解決システム

　Eくんの事例では，小学2年で不登校に陥った原因は級友との関係にありましたが，それから6年にもわたる不登校のうちに，不適応の問題の中心は級友との発達レベルの落差に変化していました。

　中学2年のEくんが，その発達上で年齢なりに獲得できていなかったものは，学力，勤勉性，主体性をはじめすべての領域にわたっています。家庭訪問の担任や相談員と意思疎通するコミュニケーション力も不十分でした。不登校のEくんが家庭にこもっていた6年もの間，Eくんと学校の接点をつくってくれていたのは相談員の存在でした。この忍耐強いたゆまぬはたらきかけが提供されていたゆえに，Eくんは教職員に対する信頼を維持でき，すんなりスクールカウンセラーとも学校ともつながる力を発揮できたに違いありません。しかし，その相談員がEくんとの関係に行き詰まったのは，相談員の関心がEくんを傷つけずに関係を維持することに終始しており，損なわれたEくんの発達を成長促進するという視点が欠けていたことにあるでしょう。そのため，Eくんは虫やアニメに終始する相談員の訪問に意味を見いだせなくなり，訪ねてくれても会わないという非言語で相談員への抵抗を示しました。

　一方，スクールカウンセラーは，Eくんから「高校へ行きたい」という未来への意思を聞きました。そして，高校進学のために最も不安要因の高い学力不振への手当てを行いました。Eくんは学習支援に意味を見いだし，学習活動への満足感から登校動機が喚起されました。

　これが日本で最初に発表された学習支援を中心にした再登校支援の研究です（中村，2004）。それまでの学校臨床では，不登校の子どもには登校刺激をしないことが常識とされていたのです。中村（2004）で報告されたのは，学習支援には学力の獲得だけでなく，忍耐力，柔軟性，回復力，学習習慣と勤勉性の獲得など多様な効果が伴い，それが不登校を克服させて学校適応を促進するということでした。

　Eくんは相談室で多くの学習課題に取り組み，教師・級友との人間関係と学習習慣を獲得しました。特別支援学級に入級後も，個別学習支援を受けながら順調に学校生活を過ごし，無事高校に進学することができました（図 3-11）。

　Eくんが不登校に陥った直接のきっかけは級友との関係です。しかし，再登校にあたり主軸に置かれたのは学力獲得への支援でした。学校生活は①教師との関係，②級友との活動，③学習という学校環境と，④基本的生活，⑤家族関係という家庭環境を含めた5条件，これに子どもの発達状況と価値観が相互影響し合っています。Eくんへの支援では，③学習支援を切り口

に，①教師や②級友との関係をつくることで学校生活充実感が高まり，登校が定着して④基本
的生活が整いました。また，⑤家にこもらず外の世界とつながった息子と家族の関係は，密着
から解放され，登校してさまざまな発達刺激が提供されることで本人の成長が促進されました。

　不登校児童生徒への再登校支援では，それぞれの問題状況のもとで，ひとまず本人にとって
受け入れやすい領域に対して支援を行い，そこから問題解決が可能な領域を広げていくことが
有効です。

4　問題システムとフォーミュレーション

1.　問題システムの公式化

　フォーミュレーションとは，問題を整理して公式化することです（内山, 2006）。さまざまな
子どもたちが，さまざまな問題を呈する学校で，問題解決システムを公式化することはできな
いのでしょうか。児童生徒の学校環境への適応条件が明確なら，その適応支援にもフォーミュ
レーションを導くことができるはずです。

　さて支援とは，問題解決を求めるクライエントと支援者との関係によって成り立ちます。ど
んなに有能なカウンセラーであっても，相談に来てくれるクライエントがいなければカウンセ
リングを行うことはできません。また，カウンセラーがどんなに技法の研鑽に励んでも，クラ
イエントのニーズに合わせて活用できなければ，問題解決にこぎつけることができません。支
援過程に助言を行うスーパーバイザーは，クライエントの問題と同時にカウンセラーの問題
をとらえます（Hollis, 1964）。問題解決は，支援者がクライエントの問題を正しくとらえ，現
実的に解決可能性を見いだせる支援方針に従って支援された結果叶えられるものだからです。
スーパービジョンの過程で，スーパーバイジーは，支援者としての役割を効率よく果たせてい
るかどうかを問われます。

　学校カウンセリングもまた，クライエントである生徒個人の問題と同時に，支援者側の校内
支援体制の問題をとらえることが必要です。学校カウンセリングで行わなければならないアセ
スメントは，被支援者側の子どもの問題システムと，支援者側の校内支援システムの両方です。

　個別のカウンセリングでは，その支援プロセスはクライエントとカウンセラーの二人の協働
によって展開します。そのため，支援プロセス点検の主眼はカウンセラーが支援者として機能
できているかどうかです。しかし，学校カウンセリングは，チームで支援を行うので，支援シ
ステムを構成している支援者各人が機能しているか，支援者どうしが必要な情報を滞りなく交
換して，目的達成的に協働できているかどうかのアセスメントが不可欠なのです（校内支援体
制のフォーミュレーションについては第4章に詳述しています）。

2.　学校不適応をつくる子どもの問題システムの特徴

　繰り返しになりますが，学校生活での適応条件をもう一度整理しましょう。

　子どもの学校生活は，学校環境と家庭環境の環境要因に支えられています。学校環境の適応
条件とは，①教師との関係，②級友との活動，③学習の3条件です。家庭環境の適応条件は④
基本的生活，⑤家族関係です。これらがバランスよく積み上げられることで子どもの学校生活
は充実感が高まります（中村, 2008）。

　他方，環境だけが整っていても，必ずしも万全な学校適応が保障されるわけではありません。
学校で最も多くの時間を過ごす学級は，同年齢の子ども集団であるため，子ども自身が質的に
年齢なりの成長を遂げているかどうかが問題になります。発達障害の有無や，体力，知的能力

の他，社会性の発達レベルが問われます。また，価値観のバランスがとれているかどうかもポイントです。成長状況や価値観にアンバランスがあればあるほど，子ども本人は安定感が得られません。

　学校に適応できない子どもの問題状況を考えるとき，子ども自身の問題と環境条件を有機的につなぎ合わせた問題システムとして理解することが必要です。家族をシステムとしてとらえ，家族システムを理解するためにその特徴を整理した平木（1998）を援用して学校適応の問題システムを考えてみると，以下のようにとらえることができます。

　(1)学校環境への適応システムとは，学校生活というひとつの機能を果たすために，子ども自身の①成長レベル，②価値観という子ども個人の条件と，③教師，④級友，⑤学習，⑥基本的生活，⑦家族関係という環境要因の条件がそれぞれ部分として作用し合い，相互影響を及ぼしています。

　(2)子どもが問題行動を起こし，不適応を呈している場合は，子ども個人と環境要因の相互作用の機能不全を表現していることになります。

　(3)問題とは，困難状況の単なる集まりではなく，それらの状況がつくる関係やパターンをもったまとまりです。学校環境への不適応を呈する問題システムは，上記7条件が部分として作用し合って不適応の原因をつくります。原因は決して単独ではなく，問題の原因を部分として取り出して理解しようとしても不十分です。一方的な因果関係で直線的に原因と結果をつなげて理解することはできません。

　(4)問題システムは相互影響し合っているので，システム内のひとつの条件の変化は全体の変化を，また逆に全体の変化は別の条件に変化をもたらし，問題を維持するルールやバランスを崩すことができます。

5　問題解決のためのフォーミュレーション

1.「教師との関係」適応のためのフォーミュレーション

　教師は，指導と支援を複合的に行う専門職です。指導とは，知識・技術・態度などを明確に教え導くことで，指導者と教わる子どもの立場は縦の上下関係になることが特徴です。一方，支援とは，問題状況の解決を目指すもので，支援者と子どもの立場はフラットな横の関係になることが特徴です（石隈, 1999）。

(1)問題を抱えた子どもと関係をつくる

　支援は，子どもが学校生活に何らかのつまずきをもっていることが前提にあるのが特徴です。子ども自身がひずみや屈折を抱えていることを予測し，支援者が同じ目線まで歩み寄って横の関係から支え，子どもの問題に寄り添うことが必要です。教育課題の指導においては，子どもの成長水準が標準的でないほど支援の対象になります。一斉指導では，標準的発達の子どもを対象にした指導と，標準的発達水準が伴わない子どもへの支援の抱き合わせが求められるでしょう。子どもによっては，状況や発達のバランスに応じて指導と支援の抱き合わせが必要な場合もあります。支援とは，現状で指導に乗せられなかったり，指導効果が得られず，解決を必要とする問題を抱えている場合に行われ，指導を行うための基盤の役割を果たします（石隈, 1999）。支援は信頼関係によって成り立つので，子どもが本音を洩らせるフラットな関係をつくることが何よりの基本です。

(2)子どもの問題の背景を理解する

　子どもの問題行動には必ず意味があります。その問題は，どのような発達上の過不足から生

じているのか，どのような環境との摩擦が生じているのか，支援者には子どもの示すシグナルを読み解く力が求められます。教師は，現状の子どもに必要な役割が指導であるのか支援であるのかを判断し，子どもの状態に合わせて対応を選択することが大切です。カウンセラーは，発達状況と環境との折り合いの両面からアセスメント（問題分析）するトレーニングをしているので，スクールカウンセラーを加えて複数の目で問題をとらえることも意味があります。また，担任だけでなく養護教諭，学年主任，スクールカウンセラーなどの立場から対応する方が有効な場合もあり，相性や問題の性質，深刻度などから適切な支援者を見極め，チームを形成して協働する力が求められます。

(3)学級集団での守りとしてのルールの徹底

　学校生活で，教師は学級での規範を示す存在です。集団場面では，ルールが示され徹底されないと，子どもが集団を信頼し，安心して過ごすことができなくなります。ルールは，集団の中で子どもを守る役割を果たします。教師の示すルールが徹底していなかったりあいまいだったりする場合，力の強い子どもが幅をきかせて力の弱い子どもの居場所が脅かされるなど，学級の秩序が失われる危険があります。逆に，教師の示すルールが厳しすぎたり，他の価値観を受け入れる柔軟性が低い場合，学級の子どもたちは教師のルールに合わせようとするあまり，合わせられない級友を批難したり排除したり，多様な個性の共存を受け入れにくい学級になりがちです（河村，2000）。また，ルールを浸透させるためのまわりくどい説明や説得は，面倒で嫌気がさしやすく，反発を招くので逆効果です。しなければいけないときがあると思えばしなくてもよいときもあって一貫性がない場合も，子どもはルールに従わなくなってしまいます。

　学級での集団指導においては，生徒全体の成長と社会性獲得が促進されるようなプログラムの充実（たとえば，田上（編），2003, 2007; 國分・國分，2000, 2007; 佐藤・相川，2005; 相川・佐藤，2006; 渡辺，2002b; 河村，2002, 2007a,b,c, 2008 他）が望まれます。

2.「級友との関係」適応のためのフォーミュレーション

(1)人間関係のつくり方の順序

　人間関係のつくり方には順序があります。ほぼ生後1歳までに養育者との1対1の関係を中心に基本的信頼感を獲得し，2歳までに愛着形成が行われます。母（的存在）との密着した関係を基盤に家族との複数の関係が，さらに他人の大人との関係がつくれるようになります。同世代の子どもどうしの関係では，3歳前後で並行した一人遊びを行い，仲間との1対1の関係，複数の関係と発展し，抽象思考を獲得する小学校中学年には集団との関係がつくれるようになります。発達的には，小学校入学時は同世代の子どもとの複数の関係が，中学校入学時は集団との関係がつくれるようになっているのが標準的です（図3-2参照）。

　級友との関係がつくれない子どもの場合は，発達的に逆にたどっていく必要があります。集団との関係がつくれないのだとしたら，グループの関係はつくれるのか，1対1の関係は安定して維持できるのか。もし同世代の子どもどうしの関係がつくれないのだとしたら，大人との関係をつくることができるのか，安定して維持させることができるのかを把握しなければいけません。そして，子どもが実際に関係をつくることができる段階にもどって支援します。子どもどうしの関係をうまく維持することができない場合は，個別にかかわれる大人がその子どもと安定した関係をつくります。級友との人間関係がうまくいかない子どもには，支援者である大人との関係も不安定な場合が多くみられます。自分に合わせてくれる大人との関係も安定して維持できない状態では，子どもどうしの関係を維持することなどできません。そのような場合は，ひとまず支援者との安定した関係をつくることができるように目標を絞ります。大人と

の1対1の関係を安定してつくれるようになったら，支援者はその関係を核に大人との複数の関係，子どもどうしの関係をつくれるように順を追って支援します。子どもどうしの関係づくりをさせたいという親心から，この順序を飛び越して集団との関係を強要すると破綻を招きます。発達の順序には飛び級がないのです。

⑵級友からのサポートグループの選定

　大人との関係の安定によって子ども自身に対人関係へのレディネスが備わったら，学級の中での居場所感が得られるように級友からのサポートグループを選定します。学級につくられている仲良しグループの中から，サポートを必要とする子どもとの相性やメンバー自身の安定感について本人と担任などで話し合います。サポートグループが選定できたら，担任がグループに事情を伝えてサポートを依頼することが求められます。人間関係に孤立感のある児童生徒をグループの一員に迎え，関係を維持することは，級友にとって負担が大きく，ストレスフルな役割です。しかし，被サポート児童生徒にとってもグループにとってもその役割遂行は人格形成上飛躍的な成長を遂げることができるチャンスでもあります。教師はサポートグループの同意が得られたら，その役割について十分な理解を促し，疲弊感を定期的にねぎらったり，サポートの方法を助言するなど継続して支援することが大切です（Cowie & Sharp, 1996）。

　また小学校で同世代の子どもとの関係がつくれない子どもは，クラスにいつもいてくれる担任と親しい関係を維持することで，仲間からの孤立感を補っている場合もあります。このようなときは，教師が級友との関係を結びつけ，意識的に仲間関係をつくって維持する力を育てる必要があります。中学校では，小学校ほど教師との濃密な関係をつくりにくいこと，発達的にさらにグループの同質化と親密度が進むことから，小学校時代に人間関係をつくる力が育まれないと，仲間関係から孤立し，不登校に発展するリスクが膨らみます。

3.「学習」適応のためのフォーミュレーション

　学年相応の学力が定着しているかどうかの確認が必要です。学年相応の学力が定着していない場合には，⑴発達障害があり，子ども自身の能力に規定される，⑵学習習慣や勤勉性が身についていない，⑶心理的トラブルで学習意欲を失っていることが考えられます。

⑴発達障害があり，子ども自身の能力に規定される場合

　①知的能力に限界がある場合　　知能とは，学習と適応のための能力で，知能が高いほど思考力・判断力や記憶，処理速度などの情報処理にすぐれ，低いほど情報が処理できません。

　知能指数の計算式は，IQ ＝［精神年齢（できる年齢）／生活年齢］× 100 です。たとえば10歳の子どもが10歳なりのことができた場合，［10 ／ 10］× 100 ＝ 100 ですから，完全な標準知能は IQ 100，そしてその1割の幅をもたせて IQ90 〜 110 が標準知能です。IQ70 以下は知的障害，IQ71 〜 85 については境界知能と称されます。

　それでは IQ70 の子どもには，どんな困難があるのでしょうか。10歳の子どもの場合，IQ70 ＝［7（できる年齢）／ 10（生活年齢）］× 100 ですから，質的な発達水準は7歳レベルということになります。たとえば，小学4年生の子どもを対象に，算数の授業で小数や面積，立方体などが扱われるとき，子どもたちは，かけ算を用いた二次元の抽象思考能力を有していることが前提になっています。ところが，IQ70 の子どもの知的水準であれば，7歳なりに数え棒やおはじきで視覚に訴えて理解する具体的な思考レベルにあるわけです。担任や保護者が熱心であるほど，ていねいに計算の手順が教え込まれますが，それが課題の意図する概念理解につながっているのかどうか，いたって難しいところです。境界知能の子どもたちも，知能水準が低いほど情報処理が難しく，学年なりの学習レベルの習得に苦戦を強いられることはいうまで

もありません。

　一斉授業に対する学習の遅れが顕著な場合，その子どもには，どの単元から理解できていないのかの洗い出しと個別指導が求められます。授業中の課題や，宿題の質量の調節などの配慮も欠かせません。

　しかし，抽象思考に導くことが困難だと判断されたら，無理な学習を強いずに発達検査を進め，その結果がIQ70前後に該当している場合は，知的障害学級の対象としてとらえる必要があります。

　この判断が遅れると，級友とのトラブル場面などをきっかけに，不登校が選択されることも少なくありません。なぜなら，彼らは学校環境での大半を構成する学習場面での苦戦を強いられ続けているからです。また，学習の成果は学級内での子ども間の評価にも直結しており，級友たちと対等な関係を築くことにも苦戦します。適正な就学指導は，子どもの能力に応じた学習と合理的配慮の保証なのです。

　②注意欠陥多動症／注意欠陥症の場合　　脳の画像診断を用いて，ADHDの認知機能障害についての研究を牽引したのはエイメン（Amen, 2001）です。エイメンは，SPECT（単光子放射型コンピュータ断層撮影法）で患者の脳をスキャンし，機能不全の部位を特定して，その治療効果を検証しながら薬物療法のエビデンスを発信しました。図3-12は，その著書（Amen,

アンドルー左側頭葉（三次元表面画像）

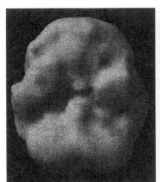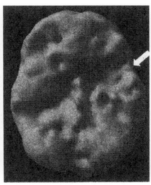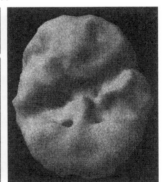

正常な脳　　　　　　　左側頭葉の活動が見られなくなっ　　2年後の状態
　　　　　　　　　　　ている　　　　　　　　　　　　（左側頭葉の活動状態が回復している）

図 3-12　アンドルーの脳画像（Amen, 2001）

ジョウイーの脳（三次元表面画像）

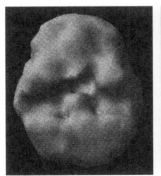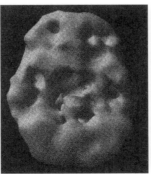

安静時　　　　　　　　集中時　　　　　　　　　　　アデラール投与後，集中時
全体的に活動状態は良好　前頭前皮質と側頭葉の活動が低下　全体的に活動が活発になっている

図 3-13　ジョウイーの脳画像（Amen, 2001）

2001）で紹介されているエイメン自身の甥アンドルーくんの脳画像です。中央の脳画像は，囊腫に圧迫されて活動が損傷され，機能不全に陥っている状態のものです。アンドルーくんは，囊腫を摘出し，やがて元どおりの機能を回復しました。それが右の画像です。図3-13の脳は，7歳のジョウイーくんです。注意転動性が高く，落ち着かない典型的なADHD患者で，知能的には標準より優秀なのに，小学1年生を留年し，エイメン・クリニックを訪れました。左の画像（安静時）は，発達障害のない正常脳とほぼ同じ状態です。ところが，集中課題が与えられた中央の画像では，その緊張から脳が硬直し，機能不全を呈しています。ADHDの子どもたちの脳は，行動面に現れる過活動に反して，明らかに活動が鈍って機能不全を生じていました。エイメンは，注意欠陥多動症とは，集中を求められると緊張して活動が鈍ってしまう脳に，注意転動や多動を引き起こすことで自ら刺激を与えて脳を活性化させようとする人間の律儀な適応機制の結果であることを報告しました。そして右の画像は，投薬治療後に集中課題を与えられたジョウイーくんの脳です。機能不全は投薬治療によって顕著な回復を遂げていることがわかります。

　エイメン（2001）の画像研究まで，ADHDは主に前頭葉の機能障害だと考えられてきました。ワーキングメモリや思考を担う前頭葉の前頭前野が，情動や行動のコントロールタワーとして，意思や判断，記憶，集中，抑制などの調整機能を担っているからです。しかし，エイメン（2001）によって注意の切りかえには大脳辺縁系の帯状回が，攻撃性には側頭葉が影響していることが解明され，機能不全を起こす部位によってADHDのタイプが分かれ，異なる薬が効果を発揮することもわかりました。その結果，いまやADHDに対する早期発見早期治療は常識となり，DSM（アメリカ精神医学会 精神障害の診断と統計マニュアルⅠ～Ⅴ；1952, 1968, 1980, 1994, 2013）でも2013年の改訂で，治療不能を意味する「障害」（注意欠陥多動障害／注意欠陥障害）から，治療可能な「症状」（注意欠陥多動症／注意欠陥症）へと改変され，医学の進歩が記されました。

　また，ADHDの早期発見早期治療の提唱の背景には，DBD（Disruptive Behavior Disorder）マーチの脅威も警告されています。それは，不注意や多動を繰り返し叱責された未治療のADHD児の3割が，8歳までに，易怒的，拒絶的，反抗的かつ挑戦的に大人に反発する反抗挑戦性障害を引き起こし，さらにそのうち3割がよりエスカレートして破壊的な行動を繰り返す行為障害に発展するからです。行為障害は10歳までに発症する小児期発症型とそれ以降の青年期発症型がありますが，いずれも未治療のままエスカレートすると青年期の反社会性パーソナリティ障害に発展し，社会的不適応にいたる行動障害の連鎖を招いてしまうのです。

　DBDマーチは，不注意で落ち着きに欠ける子どもと，それを矯正しようとする指導者との摩擦のエスカレーションによって起こります。しかし，本来，その不注意には悪意はありません。学習場面で与えられる課題に対し，子どもが真剣に取り組もうとすればするほどADHD脳は硬直して注意の転動や多動が引き起こされてしまいます。そして，それを鎮めて課題に取り組ませようとする教師や保護者の熱意や期待が高いほど，注意が叱責に，叱責が怒号へと双方向にエスカレートして悪循環を招き，子どもや教師・保護者の本来の意図とは真逆の経過をたどることになるのです。

　エイメンの画像が雄弁に物語っているように，ADHDの特徴は，課題に対して集中しようと思えば思うほど脳が硬直し，機能が低下してしまうことです。したがって，叱責や激励でさらに緊張が高まると，効果がないどころか逆に症状を悪化させてしまいます。そこで，子どもの行動修正以前に，教室環境や机の上から注意転動刺激をなくしたり，机間巡視の先生がプリントに白紙を乗せていま取り組む問題だけを見せるなど，刺激の調整の工夫が行われてきまし

た。ゲーム形式で，課題遂行のタイムを測ったり，フラッシュカードで注意を引きつけるなどの方法も効果的です。また，一斉授業での課題で，じっとしていることに耐えられない様子が察知されたら，職員室に空封筒を届ける役割を頼んで立ち歩きの課題を与え，その間に緊張緩和と切り替えを図るなども一考です。ADHD 児への支援とは脳に緊張を与えず，課題に取り組ませるアイディア勝負なのです。

　そして，たくさんの子どもたちと見比べ，相対評価が可能な立場にある教師の最大課題は，ADHD 特性の早期発見と早期治療への誘導といえるでしょう。

　③自閉スペクトラム症の場合　　主な症状は，ⅰ社会的コミュニケーション障害，ⅱ常同的行動，ⅲ感覚過敏です。

　ⅰ社会的コミュニケーション障害　　人間の赤ちゃんは，生後2ヶ月で人の声とそれ以外を識別し，人からの情報を取り込もうとする強い指向性を持っています。ところが，当事者研究から，自閉症者にはその判別機能が備わっておらず，そのためすべての情報が等価的に流れ込んでしまい，とりわけ幼児期ではコントロール不能の情報の嵐の中で，不安と恐怖に立ちすくんでいる様子がわかってきました（杉山, 2004）。「幼児期の自分の脳は調整の利かないマイクロフォンのようで，すべての音が大音量で鳴り響いていた（Grandin, 1986）」というものです。

　自閉症者の社会的コミュニケーション障害の原因には，この情報の絞り込みの問題に加え，ミラーニューロンの障害が考えられています（Dapretto et al., 2006）。ミラーニューロンとは，他者の動作を見ているだけで，同じ動作をつかさどる運動野を同時に活動させる神経細胞です。相手が笑っていると自分まで表情が緩み，相手が怒っていると表情がこわばるのは，目で見た動作を脳の中で再現し，行為の意味を理解しようとするミラーニューロン・システムの働きで，それゆえものまね細胞とも共感細胞とも称されます（Rizzolatti & Craighero, 2004）。ところが，自閉症児はミラーニューロン回路の働きが弱く，これが社会性の獲得を損傷させているのではないかと考えられています（佐藤, 2014; 杉山, 2016; Williams et al., 2020）。

　ミラーニューロンの多くは，言語野のある側頭葉と前頭葉に集まっています（図 3-14）。言語情報は耳から入力され，側頭葉にあるウェルニッケ野で意味を理解し，前頭葉のブローカ野に運ばれて，言語として組み立て出力されます。ウェルニッケ野の後方には，入力された情報をイメージ化する角回が隣接し，情報のイメージをつくります。このイメージは，意欲や感情の中枢である大脳辺縁系を通過して前頭葉に送られ，その反芻によって情報処理が行われるのです。

　会話場面で，相手の話を理解して（ウェルニッケ野）イメージする（角回）時，ミラーニューロンの働きが活発であるほど，入力情報のイメージにはふんだんに発信者の情報が取り込まれ，リアルに想像されます。また，そのイメージの情報経路の大脳辺縁系では感情コントロールがさまざまに加えられ，さらに言語化に際しては，ブローカ野を囲むミラーニューロンの働きで，相手の立場を考えながら言語を組み立て，表現が選択されるのです。ところが，このミ

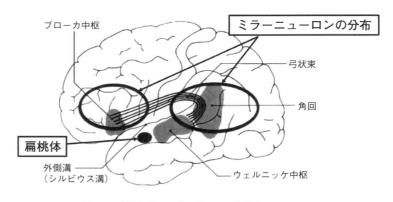

図 3-14　言語コミュニケーションの入出力

ラーニューロンが損傷されていたらどうでしょう。入力情報に相手の意図や感情を反映させることが困難で，そのため意味理解もイメージも発信者の意図から歪みやすく，共感的な情動コントロールや表現の吟味が加えられずに出力されるわけですから，コミュニケーションが障害されるのはむしろ当然のなりゆきです。さらに，佐藤（2014）によると，自閉症群の情報の反芻の弱さから柔軟性の低さや思い込みの強さが読み取れるといいます。

また，ミラーニューロン障害で，他の人の体験と自分の体験が重ならないという問題は，状況を読み取って判断し，見通しを立てることを困難にします。それは，コミュニケーションの歪みと連動して社会的場面での失敗や孤立を招き，二次障害として慢性的な不安の高さや自己効力感の低さが生じます。

さらに，人からの情報の選択的な取り込みができず，モデリングも障害されるため，自閉症児には愛着形成の遅れが伴います。愛着行動とは，乳幼児が不安に駆られた時，養育者の存在を確かめることで，その不安をキャンセルする行動です。愛着形成は，幼児の行動拡大や自律的な行動コントロールの基盤になりますが，一般的な子どもたちが幼児期に獲得する社会性の達成度から逆算すると，自閉症児の質的な母子分離は学童期後半にずれ込んでいます（杉山，2016）。

ⅱ 反復的，常同的行動　自閉症者には，感情や意欲の中枢と称される扁桃体の障害も報告されています。扁桃体は，危険を察知し，そのための情報をコントロールします（加藤，2015）。自閉症では，この機能がうまく働かないので，環境からの刺激情報がとめどなく濁流のように流れ込んでしまいます。そのため，思考能力が未発達の幼児期はとりわけ不安や恐怖が高く，人の顔を見たり，会話での応答など親和的で積極的なコミュニケーションが回避されることも少なくありません。そこで，この恐怖から逃れるための適応機制として，思考力の発達につれて，その興味は狭く限られた領域に焦点化され，それ以外の情報を遮断することで情報の過集中が起きるのです。これが自閉症の特徴的な症状である興味の限局や反復行動の背景です（杉山，2011）。

ⅲ 感覚過敏性　ミラーニューロン・システムの情報回路の途中には体性感覚野があり，この部位に損傷があると，さまざまな感覚過敏が出現します。味覚が過敏だと偏食だったり，熱さや辛さに敏感だったり，逆に鈍感だったりします。触覚が過敏だと特定の服や素材しか肌に着けられなかったり，タグを嫌ったり，長袖がダメだったり，逆に長袖以外がダメだったりします。視覚が過敏の場合は，視野に入る情報が一斉に流れ込みます。聴覚過敏では，耳から入る音情報が一斉に流れ込みます。嗅覚過敏では，誰も気づかない時間から給食に含まれる苦手な材料の匂いに気づいて我慢できなくなり，パニックに陥る子どももいます。このような感覚の過剰反応は，発達のごく早期から認められ，小学校低学年でピークに達し，9歳以上で低下することが報告されています（高橋・神尾，2018）。

さらに，目の前のものを取ろうとするときは，視覚と感覚を統合して距離やバランスを予測しますが，それがうまくいかないと距離感をつかめず，球技が苦手だったり不器用が目立つなど，視覚野と他の感覚野の連続線上に存在するスペクトラムなトラブルが生じます。

自閉症の問題とは，いずれも脳の情報処理回路の中でスペクトラムに起きている認知機能障害です。したがって，その支援を考える場合，絶対に必要なのは，彼らの感覚が普通には理解できない独特なシステムで形成されていると理解することです。本人にも不可解で独特な彼らの世界を探索し，その世界と彼らを取り囲む環境との折り合いを共に考えることが支援です。問題によっては環境調整の場合もあり，子ども自身が対処できるように場面に合わせたソーシャル・スキル・トレーニングの場合もあります。

　ある中学 2 年の女子生徒は，3 時間目の休み時間に，深刻そうにスクールカウンセラーを訪ねてきました。「今日の給食はブロッコリーで，大好物なんですが，小さくカットされていないと，虫を噛むみたいで気持ち悪くて食べられないんです」。課題は，どうしたら触覚の嫌悪感をクリアして味覚の満足にたどり着けるかでした。給食のブロッコリーは冷凍野菜が多く，柔らかいので，スプーンでつぶし，マヨネーズに絡めてみることを提案すると，彼女の表情は一気に緩み，午後には満面笑顔の「おいしかった」報告が届きました。この女子生徒は，不意に教室から飛び出すことで教師を困惑させている生徒でもありました。理由を聞くと，「暖房の音が怖い」「音楽室から聞こえるリコーダーの音が耳中にこだまする」など，いずれも聴覚過敏に起因していたので，それが代表的な症状であることを担任に説明しました。すると担任は，これまで「皆はできているのになぜ我慢できないのか」と，皆を主語にして，表面的な本人のたしなめ方ばかり考えてきたと反省しきりです。担任は，百円ショップを回って何種類もの耳栓を買い，彼女に好みの耳栓の使用を勧めました。それは，音の洪水からの生理的な防衛だけでなく，彼女にとって孤立しがちな学級集団での心理的な防波堤になりました。合理的配慮に込められていた担任の温かいメッセージは，十二分に彼女の心に届けられたのです。それ以来，さまざまな場面で，どうしたら集団生活での適応が叶うのか，一緒に考えてくれるようになった担任が彼女の学校生活を支えたことは言うまでもありません。

　④限局性学習障害（SLD）の場合　　計算はできるが文章題になるとできないとか，国語は好きだが数的概念は理解できないなど，一部の学習の習得に顕著な偏りがあるときは，言語性もしくは算数障害の可能性を考える必要があります。言語性障害の場合は，感覚情報を統合する頭頂葉と言語的な意味理解の側頭葉に機能不全が報告されています（Vandermosten et al., 2016）。また，算数障害の場合は，数覚が所在する頭頂葉とワーキングメモリが所在する前頭葉に活動の機能不全が報告されています（Kaufman et al., 2011）。そしてこれらの研究から，学習障害では，脳の情報処理の回路が普通の処理経路と異なっているらしいことがわかってきました。

　限局性学習障害に共通して認められるのは，頭頂葉の機能不全です。頭頂葉は，感覚情報の統合を担い，その損傷によって文字を書けない失書，計算ができない失算，左右がわからない左右失認などが発現します。いずれも学習には欠くことのできない機能です。しかし，頭頂葉は脳の研究の中で最も多くの謎に包まれた未開拓な領域で，メカニズムは解明されておらず，脳科学の進展が待たれるところです。

　そして，学習場面では，文字や言語・数字を処理するために，情報が後頭葉（視覚情報の取り込み），側頭葉（意味理解），頭頂葉（数的処理），前頭葉（ワーキングメモリ）と，脳を構成する四葉すべてを飛び回り，単純なかけ算でも数百万の神経細胞が駆使されていることがわかっています。その中心部には，記憶や感情，意欲をつかさどる大脳辺縁系がありますから，学習がいかに脳全体にスペクトラムに働きかける発達刺激であるかがわかります。画像研究では，読み書きや計算など，苦手な問題に習熟すると，脳の各担当部位の活動が活発化することもわかりました（Pugh et al., 2000）。

　学習障害のスクリーニングには PRS（LD 児診断のためのスクリーニングテスト 森永・隠岐，文教資料協会）などの検査が簡便です。学習障害の学習習得にはていねいな反復指導や，認知の偏りを補う教材の活用が有効で（坂本，2017; 宮口，2015, 2016, 2020a,b 他），通級指導など特別支援教育の対象です。合理的配慮に基づくていねいな個別の学習指導は，脳全体を活性化させ，その発達を促進する大切な役割を果たします。

　⑤受診に際し，紹介状を作成する場合　　発達障害は，神経生物学的な不具合のために，学

習にも対人関係にも深刻な影響を及ぼす障害です（Amen, 2001）。発達障害の発見が遅れると，保護者も教師も本人も，脳の機能の不具合だととらえることができず，本人のやる気や教師や保護者のやらせ方の問題だと考え，なんとか課題を遂行させようとしては悪循環に陥ります。その結果，反抗挑戦性障害や学習性無力感など深刻な二次障害を招くことは前述のとおりです。

　悪循環を未然に防ぎ，対策するためには，発達障害の早期発見が不可欠です。そのスクリーニングに際しては，担任，特別支援教育コーディネーター，スクールカウンセラーなどとの協働が大切です。そして，受診を勧める場合は，学校での様子をまとめて紹介状を作成しましょう。受診時に保護者に持参してもらうと，主治医は初診時に家庭と学校という子どもの生活環境全体の様子を網羅できるので，効率的に診察が進みます。また，学校での様子を記した紹介状は，診断に役立つだけでなく，主治医からの返信が得られるので，学校と医療との協働も円滑になります。

　紹介状に必要な情報は，学校での学習や生活の様子です。教師の主観や解釈，感想を交えず，できれば典型的なエピソードを入れて具体的に記述してください。医師の直接的な行動観察に代わるものが学校での様子を記した紹介状なのです。巻末にサンプルを掲載しますので，ご参照ください（pp. 103-104）。

　診断が得られていない場合も，校内の「気になる子」については，特別支援教育コーディネーターを中心に発達障害の特徴をとらえて教師が問題を共通認識し，それぞれの特徴を踏まえた改善策と学習指導計画が不可欠です。

⑵学習習慣や勤勉性が身についていない場合

　勤勉性は小学校で身につける重要な発達課題です。小学校までは取り付きやすい宿題を提供し，提出すると評価や賞賛が得られるなどの工夫で学習習慣を形成することが比較的容易です。しかし，学年が進むと内容が難しくなるため，家庭での学習習慣のない子どもは学習内容を咀嚼しきれず，定着が遅れてしまう場合もよくあります。そのため，やってもできないのでやらないという二次的な問題に発展し，勉強そのものを放棄する場合もみられます。やる気の喚起には，叱るより，やったらできたという達成経験や，宿題をしたことを評価されるという注目経験などが功を奏します。学習適応の問題だけにとどまらず，保健室や相談室など別室で過ごしている場合は，できそうでできない問題をクリアさせて自信を獲得させる個別学習支援が効果的です（中村, 2004）。授業での一斉指導で個別に学習支援を行うのは困難ですが，課題や宿題内容の調整など対応の工夫をすると，多様なバリエーションをつくり出すことが可能です。また，勤勉性獲得に際しては，家庭環境の問題も問われますが，簡単には変えがたい家庭環境より，教師がコントロールする宿題指導の工夫がたやすく効果を発揮します。

⑶心理的トラブルで学習意欲を失っている場合

　子どもが学習意欲をなくす背景には，授業者である教師への反発や，授業がつまらないなど，子どもなりの授業評価の結果，教科へのやる気を失っている場合が少なくありません（中村・田上, 2005）。授業の受け手である子どもを責める前に，授業の送り手の教師自身が提供する授業内容が魅力的なものであるかどうかの点検が必要です。

　また，友人や家族との人間関係がうまくいっておらず，別の問題に心的エネルギーを費やしているため，学習にエネルギーが回らない場合もあります。そのような場合は，心をとらわれている心配ごとを解消するための個別支援が優先されます。

　意欲のなさは，うつ病や統合失調症など重大な精神疾患の症状である場合も予測されます。変調に気づいたら早期に養護教諭やスクールカウンセラーなどと連携することが望ましいでしょう。思春期は精神疾患の好発年齢なので，変調には注意が必要です。

4.「安定した家庭生活」適応のためのフォーミュレーション

　幼児期までの家庭での生活を土台にして，子どもは学校生活をスタートします。家庭の役割には，愛着形成を基に安心してくつろげる守りの場としての機能と，食事，睡眠，清潔など生理的機能を維持しながら基本的生活習慣を身につけるしつけの場としての機能があります。

⑴基本的生活が保障されていない場合

　どの家庭でも規則正しい生活を送れるわけではありません。たとえば夜間就労や精神疾患などで母親が朝起きられず，朝食が用意できなかったり，子どもの立場では朝起こしてくれる人がいないため遅刻がちだったり，家庭によってさまざまな事情を抱えています。そのような家庭では，基本的生活習慣の獲得についての問題意識も現実のあれこれに紛れがちなのですが，保護者の協力がないと生活習慣はなかなか改善しません。それでも，遅刻や朝食抜きによる無気力さなどについて，担任から保護者に困っている状況を伝え，毎朝決まった時間に声をかけてもらえるようにお願いするだけで，協力的になってくれる家庭も少なくありません。保護者自身に余裕がないことが多いので，朝は起きたらバナナ1本を食べさせてくれると助かるとか，ロールパンや冷凍たこ焼きでもいいとか，コンビニおにぎりを買っておこうなど，保護者が聞いて「それなら簡単」とすぐに実行できる具体的な生活習慣改善への助言が有効です。

　しかし現実には，保護者を啓発しようと努力するより，子ども自身に基本的な生活習慣を教える方が効果は上がります。何時にどういう手段で起きるのか，朝食は何をどう用意しておいてどう食べてくるか，夜は何時に寝ることにするとか，基本的生活習慣の設計について教師がいっしょに現実検討し，毎日チェックすると子ども自身の生活が急速に立て直されることも珍しくありません。保護者に十分手をかける余裕のない子どもが，教師から日常生活に寄り添われて心配されることは，生活習慣以上の安定感が与えられるようです。保健室を訪ねる子どもへの養護教諭からのアプローチも効果的です。

⑵母から離れたがらず登校を渋る場合

　小学校入学後の子どもが，母親から離れたがらず登校を渋ることがあります。小学校入学という新しい環境への緊張や不安から，母の庇護に安心感を求めているのです。新しい環境になじみ，不安を払拭できるまでは，母親が甘えを受け入れ，集団への適応を見守ることが大切です。そして，無理なく学校環境に近づけるためには，担任の協力を求めることが大切でしょう。

　子どもの緊張が高くて学校に足が向かないときは，担任が家庭訪問し，ゲームや折り紙などを持参して子どもといっしょに遊ぶと信頼関係がつくりやすくなります。ともに遊ぶ場面を何度か繰り返したら，「次は学校でやろうね」と誘ってみます。遊びの経験が楽しいほど学校への緊張はほぐれ，子どもは教室に誘い出されます。登校することができたら，最初は級友のいない放課後の教室で遊び，次は養護教諭や空き時間の教師の協力を仰いで日中保健室や相談室で遊び，そこに級友が遊びに加わったり，昼休みのクラス遊びに加えるなど，楽しい経験を重ねながら徐々に教室に近づけます。また，学校になじむことと並行して学級での課題を宿題として与え，学習面での遅れで新たな抵抗が生まれないように配慮します。学校や級友になじんだら，学級行事を企画して招待したり，遊びを取り入れた授業を計画したり（松澤・高橋・田上，2005, 2006, 2007; 伊澤，2008 他），子どもたちの抵抗を和らげながら個人と級友をつなぎます。

　いっしょに遊んでいると，遊びを通して子どもの性格や人間関係のつくり方のパターンが理解できます。遊びのルールが守れなかったり，思いどおりに展開しないとゲームを中断したり，同じゲームを囲みながら，やさしくできる級友と口を利かない級友がいるなどの極端な態度がみられたり，集団になじめない要因が把握できることがあります。遊びの中でそのような場面

の行動修正を求めると，ゲームを続けたい一心で行動を改めることもしばしばです。注意されて意固地になるときは，追及すると逆効果ですから，根気強くさまざまな場面で行動が修正できるように働きかけることが大切です。

　学校で自信をもって活動できる場面を増やすことができれば，緊張がほぐれ，子どもの足はおのずと学校に向かいます。学校への緊張や不安から解き放たれることで，親子関係の問題も改善されることがほとんどです。

　不登校児童生徒にも同様の状況がみられます。年齢によって有効なアプローチの方法は異なりますが，学校環境への抵抗を弱めて徐々に学校に近づけ，①教師との関係，②級友との活動，③学習という学校生活での充実感の獲得が図られれば登校が安定し，親子関係も改善されるという基本的な方法は変わりません。

⑶すぐ体調不良に陥る場合

　学校という集団環境で，子どもは多くの葛藤場面を経験します。葛藤状況では，最も安心できる家庭環境でさまざまな形の不安を表出します。「お腹が痛い」「気持ち悪い」などの背景に心理的不安がありそうな場合は，担任に相談して状況を把握し，学校環境調整の協力を仰ぐことが有効です。

　疾患ではないことが確認できて，なお体調不良が繰り返されるときは，家族は動揺せず，熱を測る程度にとどめ，熱がなかったら登校を促すのがよいでしょう。子どもの症状に家族が動揺して不安を示すと，子どももさらに不安をかきたてられ，症状が強くなることがあります。また，心配や不憫さからねだられた物を買うなど，子どもの要求を聞き入れたり，交換条件を出したりすると，子どもは身体症状や取引にいっそう価値を見いだし，平衡を取り戻すのが遅れます。

⑷教師の指示に従えない場合

　保護者が教師を批判的にとらえ，子どもにも教師への批判を伝えている場合，教師を信頼することは家族を裏切ることになるため，子どもは教師との関係に拒否感を示します。ところが，教師は学校で子どもを守る役割なので，教師を信頼できないと，子どもは学校そのものを肯定的にとらえることができません。そのため，子どもは葛藤を抱え登校を渋ることがあります。

　また，親子での共通の敵として教師の存在がある場合，子どもは教師の統制に従いにくくなります。教師を共通の敵にして複数の親子が徒党を組むと，学級崩壊の中心的役割を果たすことにもつながります。しかし，子どもの教師攻撃を保護者が助長している場合は，反抗期になると攻撃の対象が保護者自身に向けられ，思春期以降は家庭内での攻撃が相談されるケースも目立ちます。教師は，子どもにとって保護者と並ぶ大切な支援者なので，対応に納得できない場合は，批判するよりも，学年主任や管理職あるいは教育委員会などに相談することが望まれます。

⑸子どもからの反発が強い場合

　子どもは，親からの保護によって安心して成長します。しかし，その保護が強すぎて，親のサジェスチョンのもとで思いどおりに事が運ぶのに慣れすぎると，挫折場面で立ち直る回復力（レジリエンス）が獲得できません。過干渉の場合も，過保護と同様に自主性が育まれません。親子間の適切な距離は子どもの成長によって変化します。幼児期はふんだんなスキンシップでの一体感のある至近距離で，小学校低学年ではスキンシップを減らし言語でのコミュニケーションを中心にした近接距離で寄り添い，抽象思考能力が発達する中学年以降は徐々に離れて見守りに移行しましょう。発達段階によって親子関係の距離が近すぎても遠すぎても，子どもは適切なサポート感が得られません。親からの支配を強く感じても，保護の希薄さを感じても

反発します。距離が近すぎる場合は，子どもが話しかけてくるのを待って話を聞くなど，親から
らの接近を控えめにするのが良策です。距離が遠い場合は，食事やデザートやゲームなど，と
もに楽しく過ごす時間を確保し，関係の立て直しを図りましょう。

　また，親からの評価が的はずれだと感じている場合も反発します。子どもへの評価は，「い
い子」など漠然と全体をほめるものより，具体的な行動をほめるものにする方がよいでしょう。
成長につれて，子どもは親を一人の人間として評価するようになり，最終的には人間対人間の
つきあいへと関係の変化を遂げるのです。

システムを支える専門性とコラボレーション

第4章

1　教育コラボレーションの意義と極意

1．コラボレーションの意義

　コラボレーションとは，異なる立場の専門家が，対等な立場で同じ目標や問題解決に向けて共同作業を行うことをいいます（小澤，2003b）。「何か結果を出さなければならない」という事態のとき，必要な人間が集まって協議し，方略を生み出す協働です。数人の力を合わせてひとりではできない結論を出すのです。サッカー日本代表みたいなものです。普段それぞれのチームで仕事をしている人間が，それぞれの知恵や方法論や技術を持ち寄って作戦を立て，強い相手に向かっていくのです。対戦相手によって作戦も変われば，必要なメンバーも変わり，個人が期待される役割も変わります。目的に応じて各人が情報を収集して集まり，チームで情報交換して作戦会議を行います。ここでの綿密なコミュニケーションと情報の共有が問題解決への鍵を握っています。

　ビジネスの世界でも，コラボレーションは，企業が生産効率を上げるための有効な方法として注目されてきました。何かを作るためにプロジェクトチームを立ち上げたとき，メンバーの知恵と技術を持ち寄り，それらを生かして新しい製品を作ることができれば，効率が上がらないわけがありません。ところが，世界中から職員を採用している国際金融公社（IFC）の人事担当副総裁ベリー氏は，これまでに採用した一部の日本人の協調性の特徴が，コラボレーションにむしろ有害に作用する危険を指摘しています（中野目，2008）。コラボレーションとは，仲間と協力して問題の解決策を探ることなので，事態を前進させるためには，ときに議論を戦わせることが必要です。溝ができるのを承知で意見を戦わせ，溝を埋めて最良の策を練り上げる努力と協調性が不可欠です。しかし，日本人は協調性について，笑顔での友好的な態度や，相手の意向を汲み，傷つけないようにすることだと，本質的な誤解をしている傾向があるとベリー氏は指摘します。表面的な協調性で本音を覆い，問題そのものをあいまいにしてしまうと，その議論には率直さが損なわれ，その結果誠実性を失い，チームが建設的ではなくなってしまうのです。

　コラボレーションには，関係を悪化させないために問題の所在をあいまいにするという態度は許されません。チーム全体が妥協せず，真剣に問題の解決策を論議することで，問題意識が共有され，メンバーがひとりずつで考えるよりも優れた解決策が導き出されるのです。現代のビジネスに必要なのは，ひとりの卓越したスタンドプレーではなく，卓越したチームプレーだとベリー氏は述べています。

　「少数精鋭とは，少数の精鋭社員で事業をやるのではない。少数の凡人で事業をやっていくうちに精鋭になっていくことである」。電波時計などで世界的企業に数えられるシチズンホールディングス株式会社の前社長，中島由男氏のことばです。資源を持たない日本の企業が，か

つて技術大国ニッポンとして世界の覇者と呼ばれるにいたったのは，商品開発に対して妥協せず，チームのために惜しみない努力で技術革新を成し遂げた，エンジニアチームのコラボレーションの卓越にありました（梅原，2004）。コラボレーションによる創造は，現実検討を加えて問題を噛み砕き，不可能を可能に変える力をもっているのです。

2. コラボレーションの極意とフォーミュレーション

コラボレーションを行うにあたって第1の大前提は，当然のことながらメンバー全員が問題解決のためにコラボレーションしようという意志をもつことです。

第2にコラボレーションの成否を決める重要な要因は，リーダーの存在です。コラボレーションチームはメンバー各人にすでに専門性が備わっており，フラットな組織構造での協働が特徴です。そのため，ボトムアップでもトップダウンでもない協働促進型のリーダーが求められます。メンバーの問題解決を「促進」「支援」する役割です（堀，2006）。自らが率先して問題解決したり陣頭指揮をとるのではなく，答えを考えて実行するのはメンバーに任せ，そのためのプロセスを支援します。答えそのものをコントロールするのではなく，メンバー間の関係をつくり，常に方向性を一致させることで，答えを見つけるまでのプロセスをコントロールするのです。秘訣は，リーダーが責任の所在を明確に自分に起き，導き出される方針の策定に最後まで妥協しないことです。

第3にメンバーがやる気になり，力を発揮したいと思うためには，ポジティブで現実的な見通しが必要です。問題の膠着は，それまでのやり方の限界を示しているわけですから，漠然とそれまでのやり方を続けたり，膠着した現状でのネガティブな結論を出しても仕方がありません。問題解決にあたっての道筋を具体的に導き出すことが，コラボレーションチームに与えられる最初の課題なのです。

第4に効率的な問題解決を図るためには，明確な役割分担が必要です。それぞれの専門性を最大限に発揮して協働することこそコラボレーションの醍醐味なのです。メンバーの力を存分に発揮させることができないチームでは，メンバーの意欲がしぼみ，活力を失います。また，問題の質や深刻さに応じて，メンバーの補強や入れ替えを行うことも大切です。

第5に問題解決過程でのこまめな軌道修正と情報の共有が必要です。問題解決のプロセスは良くも悪くも予測を裏切るからです。現実展開に合わせて方針や役割にこまめな修正を加えることができないと，チームの力を十分実践に生かすことができません。肝心な実践で十分な力を発揮するためには，プロセスについての情報の共有と軌道修正の繰り返しこそ大切な役割を果たすのです。

アメリカの経営コンサルタントが創造的生産性を高めるコラボレーションの極意として提唱した内容（Tamm & Luyet, 2004）を，児童生徒支援におけるコラボレーションのためのフォーミュレーションとして整理しました。

表4-1　児童生徒支援システムのフォーミュレーション

(1)メンバー全員のコラボレーションへの意思
(2)メンバーの士気を高めるリーダー（＝コーディネーター）の存在
(3)アセスメントと支援方針の共有
(4)役割分担の明確化
(5)問題解決過程でのこまめな軌道修正と情報の共有

2　事例　教育コラボレーションの実践モデル

1.　対人不安から不登校が長期化したFくん

　Fくんは，人との会話が苦手です。一体何を言えば話が続くのか，会話になるととても緊張してしまいます。趣味は読書で，特に『三国志』は何度も繰り返し読んでいて，三国志のことなら何でもわかります。小学校の頃から社会科の歴史だけは人に負けない自信がありました。でも，それ以外の教科にはあまり興味がもてません。

　中学1年時の担任は，クラスのことはグループでの話し合いを中心に進めていく先生でした。しかし，対人場面に緊張が高いFくんは，グループ活動が苦痛です。グループのリーダーは，週ごとのローテーションで全員に割り振られます。学級活動での2回目のリーダーが回ってくる週の月曜日の朝，Fくんは気持ち悪くて起きられませんでした。前回，リーダー役だったとき「司会なんだから指名くらいしろよ」「早く話し合いを進めてよ」「まとめもやれよ」などと指摘された自分のもたつきが，我ながらはがゆく，じれったく，みじめで，とても学校に行く気にはなれません。気分不快を訴えて欠席し，1日ベッドで『三国志』に読み耽りました。

　担任は，体調不良が1週間以上続くFくんのことが気になり始めました。クラスではおとなしく目立ちませんが，特にいじめがあるわけでもトラブルがあったわけでもありません。担任に思い当たる原因はありませんでした。家庭訪問をしましたが，母は仕事で不在，誰も玄関に出てきません。夕方，電話して母に聞くと「風邪をこじらせたらしく，母の出勤時は頭痛で起きられない」とのことです。

　Fくんは，三国志や歴史ゲームで登校しないことの気を紛らわしていました。3週目，欠席を続けたFくんは，オンラインゲームに夢中になっていました。生活は昼夜逆転ぎみで，ゲームを止めようとしても聞く耳をもたないと母は言います。父はゲームを取り上げようとしましたが，パソコンのコンセントを抜かれたFくんは，父の目の前で壁をカッターでずたずたに切りつけ，両親はそれ以来何も言うことができません。

　息子の突然の変貌に，母は学校での様子を聞きに行きましたが，学校では何も問題がないのにと，逆に家庭での様子を問われ，両親共稼ぎの核家族で本当は寂しかったのではないかと担任に指摘されました。Fくんは，外食や家族旅行には行けますが，学校に行くことはできません。昼間は寝ていて会えないFくんに，学校もなすすべがありませんでした（図4-1）。

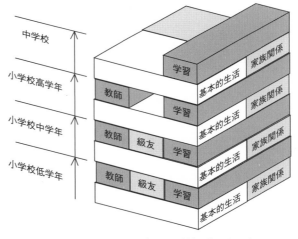

図4-1　人間関係のつまずきで不登校に陥ったFくん

2.　校内支援体制の構築

　Fくんは不登校のまま2年生になり，3年生に進級しました。異動で，新しく担任になったB先生は，この事態をなんとかできないか学年主任に相談しました。しかし，学年主任はもはや学校の力では無理だと諦めているようです。

　新しく赴任した校長は，校内に長期不登校の生徒が多く，様子を聞くと「家庭に問題があっ

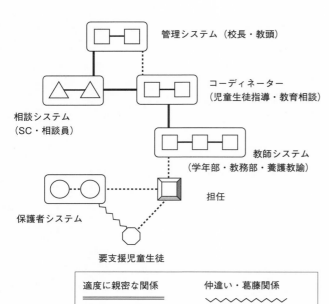

管理システム（校長・教頭）

コーディネーター
（児童生徒指導・教育相談）

相談システム
（SC・相談員）

教師システム
（学年部・教務部・養護教諭）

担任

保護者システム

要支援児童生徒

適度に親密な関係	仲違い・葛藤関係
連合や同盟の密着した関係	別離・縁切り・遮断関係
疎遠な関係	

図 4-2　中学1年時のFくんへの校内支援体制

てどうにもならない」というケースが多いことに危機感を感じました。生徒指導主事と教育相談係の養護教諭，スクールカウンセラーに事情を伝え，教師全体の危機感とやる気を喚起できないか話し合いました。校長は，教職員の意識と目的を揃えるために，生徒支援体制の立て直しを学校経営の柱に据え，学校をあげて不登校生徒への支援を行うという所信を職員会議で表明しました（図4-2）。

そして，毎週1時間の枠をつくり，不登校対策の校内委員会が開催されることになりました。参加者は，校長，教頭，教務主任，生徒指導主事，学年主任，担任，養護教諭，スクールカウンセラーと相談員です。単に問題の表面だけをさらう報告会にならないように，1時間の会議で話し合うのは2事例ということに決め，その生徒の担任は，教務主任が授業のコマ合わせで時間を捻出して参加することになりました。また，それ以外にも，校長，教頭，生徒指導主事，

表 4-2　生徒支援のためのアセスメントシート

3年1組　F　　　　　　　　　　　　　　　　　　　　X年　4月26日　記録者＿＿＿＿Ｂ教諭

学校環境	現在の様子	支援を必要とする問題	誰がどのように支援するか
登校状況	中学1年の6月末から不登校が続いている	Fくんと学校との接点がない	職員の家庭訪問によって，本児に学校環境を近づける。担任が電話で母と連絡を取り，時間を合わせて家庭訪問する
クラスの友人関係	中1の頃は，特に親しい友人がいる様子はみられなかった	級友とのつながりが得られない	ひとまず教師との関係づくりを優先し，教師との関係から人間関係を広げていく
勉強	社会の歴史と国語は得意だが，それ以外の教科は平均点に届かず，数学はとりわけ得点が低かった	現在の学習状況がわからない	担任やSCが保護者と会って話をしたときに様子を聞く
先生との関係	B先生が手紙類を届けたとき，玄関には誰も出てこなかったが，手紙を読んでいれば担任交替は知っているはず	担任との面識がない	まずは担任が保護者に直接会って話をすることで，間接的に本児との関係をつくる
その他部活動等	・ゲームにはまり，昼夜逆転があるらしい ・中1のときの趣味は三国志だった	Fくんと会うには，家庭訪問の時間を選ぶ必要がある	もし担任が家庭訪問で本児に会えたら，ゲームや三国志の話題を振って，会話できるように演出する
家庭環境保護者との関係	学校とのつながりがみられない	今年度交替した担任との面識がない	昼夜逆転での不登校で，保護者にとっての負担も大きいので，現状をねぎらい，担任も協働で支援していきたいことを伝える。保護者にニーズがあれば，SCを紹介する

養護教諭とスクールカウンセラーでのコア支援会議を，頻度を上げて不定期に行いました。F くんのコア支援会議は，スクールカウンセラーの勤務日に，担任の授業の空き時間を狙って行われました。その会議では，とにかく担任が連絡をとって家庭訪問し，保護者との信頼関係をつくったらスクールカウンセラーを加えた面談につなぎ，その中でFくんへの支援の方法を探ることにしました（表4-2）。

3. 家族との関係回復のストラテジー

担任は母と電話で連絡を取り，家庭訪問をして，Fくんのこれからのために何ができるか一緒に考えていきたいのだが，相談支援の専門家であるスクールカウンセラーも加えて話し合いたいと伝え，担任，スクールカウンセラー，保護者での面談を提案しました。母は担任の申し出を快諾し，2週間に1度設定された面談には毎回両親で訪れました。

スクールカウンセラーの助言で，両親はFくんとの関係を良くする努力を始めました。なんとしても学校に再登校させたいという必死の思いから何度もぶつかり合い，母との関係がこじれて，Fくんは家族と口を利かず，ほとんど自室にひきこもっていました。そこで，スクールカウンセラーは，父にFくんのゲームに加わることができないか投げかけました。その晩から，父はゲームをするFくんの傍らで夜中にゲームを見学しました。母も叱責を控えてFくんの好物を作り，むやみに刺激しないように挨拶以上の会話はFくんからの歩み寄りを待つことにしました。やがて父は，Fくんにゲームでの対戦を挑みました。その後，Fくんは大敗続きの父と，ゲームだけでなくオセロや将棋でも対戦するようになり，親子に会話が生まれました。Fくんは父に，本当はゲームにはもう飽きていて面白くないのだと語りました。

面談でこの話を聞いたスクールカウンセラーは，担任にゲーム持参で家庭訪問できないかと提案しました。担任が，自宅で子どもと遊んでいたボードゲームを持って家庭訪問すると，休みを取って待っていてくれた父の取りなしで，3人でのゲームが始まりました。その日をきっかけに，担任も家庭訪問でFくんとゲームができるようになり，ゲームをはさむと会話もボツボツはずむようになりました。スクールカウンセラーは，担任の家庭訪問を夕方から日中に移し，Fくんの生活リズムを立て直そうと助言しました。Fくんは，授業の合間をやりくりして家庭訪問する担任を待ちわびていて，訪問予告の電話を受けると，寝起きのパジャマでも玄関のドアを開けてくれるようになりました。

4. 学校との関係回復のストラテジー

次の面談では，両親・担任・スクールカウンセラーの他にも学年主任が加わり，Fくんと学校をつなぐ支援方法を検討しました。Fくんは，登校が途切れた1年生の6月以来学習をしていないので，3年生のクラスに復帰するのは難しいのではないかと母が語りました。父は，サラリーマンの家庭で息子の一生分の資産は捻出できないので，成人後に就職が叶うようになんとか高校に進学してほしいと語りました。

そこで，Fくんの支援チームは，支援の目標に高校入学をとらえました。高校に入学して進級し，卒業するためには，毎日登校できる勤勉性を身につけることが必要です。そして，受験を通過するためには学習支援も不可欠です。幸いにも，中学校の相談室では，教育相談係の養護教諭と1週1日勤務のスクールカウンセラーと1週4日勤務の相談員がチームを組み，不登校生徒の別室登校を受け入れていました。この相談室への登校にFくんを誘い，勤勉性と学力の獲得を支援しようと計画がまとまりました。

ところで，この計画を実現させるためには何が必要なのでしょうか。何よりも必要なのは，

本人の決意ではないかとスクールカウンセラーはチームに問いかけました。担任が面談から帰宅する両親に同行して家庭を訪問し，Fくんを交えて話し合うことになり，相談室でシミュレーションが行われました。

　担任の主導で，両親は率直に自分たちの思いをFくんに伝えました。担任は，Fくんを相談室登校に誘い，同時に，相談室には長期不登校から再登校を始めたばかりの3年生と2年生の女子がいるので，女子2人の部屋に登校できるだろうかという心配を伝えました。すると，「女子は無視して一人で過ごしてもいいですか？ 元々人は好きでないんで」とFくんは返答しました。

　その晩，再登校について担当と両親に「考えておく」と言ったFくんは，翌日の午後に突然一人で相談室にやってきました。相談室でFくんを迎えた相談員は，それを養護教諭に伝え，養護教諭から報告を受けた担任は嬉しい悲鳴です。担任が相談室を訪ねると，Fくんは女子2人と相談員と4人でカードゲームを囲んでいるではありませんか。養護教諭は，相談室で疲れたら，いつでも保健室に来るようにとFくんに言いました。保健室にはベッドを囲むパーティションがあるので，それを使えば一人だけのスペースを確保することができるのです。支援チームでは，Fくんにはクールダウンできる個室も必要だと考えていました。

5.　個人の成長と学校適応のためのチーム支援

　ところが，チームのそんな心配は杞憂に終わりました。Fくんを再登校に惹きつけたのは，相談室でのカードゲームでした。それは女子たちにしても同様でした。相談室にFくんが加わり3人になると，2人ではつまらないカードゲームが一気にバリエーションを広げて白熱したのです。カードゲームには相談員やスクールカウンセラーも加わり，生徒3人の会話は次第にはずむようになっていきました。

　担任は，授業の空き時間に相談室を訪ね，専科の数学を3人にコーチしました。3年生の女子の担任は英語で，2年生女子の担任は理科でした。2年と3年の学年主任を加えると，奇しくも5教科が揃い，さらに社会科の生徒指導主事が相談室の学習支援とチームの統括を引き受けました。2年生と3年の学年部からも有志で学習支援の応援が加わり，生徒指導主事のおおらかな割り振りで，いつも誰かが集ってくれる賑やかな相談室になりました。

　時々，Fくんが起きられない日があると，相談室に設置されている電話から，生徒を交えた支援チームが皆で代わるがわる誘いの声をかけました。6月上旬に相談室登校を始めたFくんは，1週間後には午前から登校して給食を食べるようになりました。朝の登校時間の乱れはありましたが，Fくんの登校リズムはほぼ1ヶ月で整いました。女子生徒2人の誘いと温かさなしには考えられない展開でした。

　相談室では，3時間目から5時間目までを学習の時間に定めました。それまではカードゲームの時間です。3人の登校時間は，ゲームを励みに少しずつ早まりました。スクールカウンセラーは，毎週生徒3名から相談室での充実感や不具合を聞き，支援会議でそれを報告しました。学習支援についても，各教科での良否を聞き取り，生徒に評価されるすぐれた指導方法がチームで共有されると，教師各人が支援にさまざまな工夫を凝らすようになりました。

　そしてFくんは，歴史の小テストを相談室で受けたことから，社会科の時間だけ教室で授業を受けるようになり，その後国語の授業にも出られるようになりました。11月には，Fくんとスクールカウンセラーの面接に担任と学年主任が加わり，進路選択を含めて卒業までの展望について話し合いました。Fくんは私立高校受験を決意し，相談室で受験教科である3教科の勉強に専念したいと申し出ました。担任は，クラスとのつながりも維持したいと伝え，話し

合いの結果，社会と国語の時間は教室で授業を受け，相談室では数学と英語に特化して学習することになりました。

　1月，私立高校に無事合格したFくんは，合格発表の翌日からクラスに完全に復帰し，卒業式を迎えたのでした。

6.　教育コラボレーションが果たす役割と効果

　ドラマチックに改善する問題の陰には，多くの場合，支援者側のドラマチックなチームワークが存在します。中学1年の1学期に登校できなくなったFくんに対し，両親や教師が，すぐさま問題解決に導きたいと思わなかったはずがありません。しかし，その思いはFくんには届きませんでした。保護者は，Fくんを元気づけようと家族旅行などの努力をしましたが，学校とFくんを結びつける力が働いていませんでした。Fくんをめぐって学校と家庭の支援者どうしが協働するチームが組まれておらず，支援に恣意的な計画性や一貫性がないため，家庭でFくんがエネルギーを充電しても，そこで支援が途切れて悪循環に陥っていたのです。

　この事例で，変化し，成長を遂げたのはFくんだけではありません。Fくんへのチーム支援を，児童生徒支援システムのフォーミュレーションにあてはめて考えてみると，すべての条件が満たされ，チームの成熟が示されています。

(1)メンバー全員のコラボレーションへの意思

　職員の生徒支援そのものへの問題意識の低さに危機を感じた校長が，所信を示し，教職員への方向づけを行いました。生徒支援体制の立て直しを学校経営の柱にして，学校をあげて不登校生徒への支援を行うという所信です。

(2)メンバーの士気を高めるコーディネーターの存在

　生徒指導主事は，生徒の問題と教師の性格や指向などを把握し，相談室での学習や給食をともにする教師の人選を的確に行い，相談室環境の好循環を演出しました。相談室を担当する時間が捻出できないとき，支援方針の見直しをしたいとき，生徒指導主事に投げかければ些細なことにもいつでも応じてくれました。マンパワー配置や会議の招集など，支援プロセスで困ったとき，相談すればなんとかしてくれる存在はチームの支えになりました。

(3)アセスメントと支援方針の共有

　アセスメントと支援計画作成ではスクールカウンセラーが中心的な役割を担い，会議では，次の会議までの方針とメンバーの役割が具体化されました。スクールカウンセラーは支援状況と対象児の変化をポジティブに評価し，チームの支援意欲を喚起しました。

(4)役割分担の明確化

　生徒支援体制そのものの方向を示し，教職員一同を鼓舞したのは校長です。

　チームのコーディネーションは生徒指導主事が担いました。

　スクールカウンセラーは支援のコーディネーションを行いました。相談室登校の生徒たちから，その充実感や不具合についての聞き役を担ったのは，勤務が1週1日しかないため組織と密着しておらず，その外部性ゆえに不満を吐き出しやすい存在だったからです。

　また，スクールカウンセラーとのカウンセリングによって，保護者はFくんの支援者としての機能を回復し，Fくんの再登校や進路決定を支持する重要な役割を果たしました。

　教務主任は，時間割の入れ替えによる教師の空き時間合わせをして，担任が会議に出席する時間を捻出しました。

　担任は，家庭訪問や相談室での学習支援，学級復帰後の級友との関係づくり支援など，生徒への直接支援の全体を担いました。

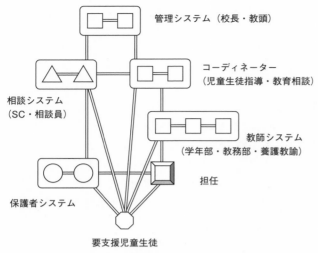

管理システム（校長・教頭）

コーディネーター
（児童生徒指導・教育相談）

相談システム
（SC・相談員）

教師システム
（学年部・教務部・養護教諭）

担任

保護者システム

要支援児童生徒

図4-3　支援開始時の校内支援体制

　学年主任は，担任の時間のなさをカバーし，生徒への学習支援で生徒と担任を支援しました。

　養護教諭は，相談室登校の生徒が人間関係で煮詰まらないよう一時避難場所として存在し，女子2名が頻繁に保健室を訪れるなど，間接的に相談室のFくんを支援していました。また，こまめに相談室を訪れて相談員の休憩時間をつくったり，相談員と生徒との緩衝地帯としての役割を担いました。

　学習支援を担当した教師は，Fくんが学習で自信をもてるように問題に工夫を凝らし，Fくんの受験への学習意欲を高めました。

　相談員は，相談室で過ごす生徒の生活全体に寄り添う活力源でした。

(5)問題解決過程でのこまめな軌道修正と情報の共有

　支援会議で情報共有が図られるだけでなく，教職員間の情報交換は日常的な会話でも行われるようになっていました。

　チーム支援で，それぞれが発揮する力と生徒たちの変化に触発されてメンバーの専門性は一層引き出され，コラボレーションチームの問題解決能力が高まりました。支援チームの好循環がFくんや保護者をも巻き込み，問題を解決に向かわせたのです。約2年間の長期不登校を経験したFくんは，支援開始から1ヶ月半で再登校を始め，6ヶ月後に高校受験を決意し，高校合格後は教室での生活を楽しみ，希望をもって卒業することができました（図4-3）。

3　学級担任に必要な専門性

1．学校生活の基盤としての学級経営

　子どもの学校適応を支援する教育コラボレーションを行うために，教職員にはそれぞれの専門性が求められます。

　学級担任に求められる最大の仕事は学級経営です。それは，教師としての最前線にいる醍醐味そのものでもあります。担任には，子どもたちの集団をひとつの学級単位としてまとめる責任が伴います。しかし，必ずしも学級の子どもたち全員との相性がいいわけもなく，学級への支援がいつもうまくいくわけでもなく，多くの空振りやすれちがいを経験します。テレビドラマの主人公のような凛々しい姿からは到底想像できない泥臭さでしょう。学級の児童生徒集団を統率し，支えていこうとするのは並大抵の苦労ではありません。学級経営で絶対に欠かすことができないものは，子どもたちへの愛情と教育に対する情熱，そして何といっても忍耐です。学級経営は，児童生徒との信頼関係に基づき，個と集団への支援を抱き合わせで行うもので，学校カウンセリングの機能を含んでいます（福島・樺澤，2003）。学級経営の最大のポイントは，子どもたちひとりひとりにとって，学級という環境が心のよりどころとなり，所属感や満足感が得られているかどうかです。学習指導要領（文部省，1998）に基づいた「望ましい学級づくり」にあたって求められているものもまた，生徒ひとりひとりの①居場所（役割），②規範意識，

③感情交流, ④自己開示の育成です。そのためには, 学級内でのルールとリレーションを確立していくこと (河村, 2000) が肝心です。担任は学級内でのルールの定着を図りながら級友のリレーションづくりを促進し, 教育課題に取り組むプロセス上の問題解決を支援します。担任には, 個々人を支援するきめ細かさと, 集団を率いる統率力の両方が必要でしょう。

2.　問題を抱える子どもへの支援

　学級の子どもたちの個人情報は, 担任に集約されているといっても過言ではありません。教室や授業での行動観察, 教育相談などで子どもから直接得た情報, 他の教師からの評価, 成績や各種テスト結果, 過年度から蓄積されている指導票, 家庭とのやりとりなど多種多様な情報が集まります。これらの情報をどう集めてどう整理するかが, 個人および学級集団のアセスメントの土台です。担任は, 児童生徒各人が学級環境の適応条件である「教師との関係」「級友との活動」「勉強」に, どのくらい充実感を感じているかを把握することが求められます。そして, 個人の充実感だけでなく, 級友どうしの交互作用を含めて学級全体の充実感を把握することが大切です。

　学級経営のキーのひとつは, 学級の中での「気になる子」の問題をどのようにつかみ, 対策できるかにあります。子どもが学校環境への適応困難に陥っているとき, 学習面でつまずいているのか, 友だち関係でイヤな思いをしているのか, 家庭環境や先生との関係などに問題があるのか, 発達障害があるのかなど, さまざまな情報を複合的にアセスメントし, 支援の方法を探ります。担任ひとりの理解を超えるときは, 同僚や学年主任との情報交換が役立ちます。スクールカウンセラーの意見が役立つときもあります。

　また, 教室の中での予防的・開発的なカウンセリングとして, 集団になじむための技法として開発された対人関係ゲーム (田上, 2003, 2007), 構成的グループエンカウンター, ソーシャル・スキル・トレーニングなどを展開していくことは子どもどうしの人間関係を豊かにするために大変効果的です。問題を抱えている子どもに居場所感や規範を与えられる担任には, 児童生徒の信頼が寄せられ, 学級の人間関係全体がよくなるはずなのです。不適応を呈する子ども個人への支援は, 学級集団全体に波及して, 学級全体の充実感を高めます。

3.　授業者としての専門性

　担任に求められる専門性は, 学級経営を充実させ, 学級集団への日常的, 計画的, 継続的な支援者としての役割の他に, 教科学習の指導者としての役割があります (福島・樺澤, 2003)。

　授業者の役割は, 児童生徒に学習内容を理解させ, 学力を定着させることです。小学校では, 担任が大半の授業を担当しているので, 授業を通して生活指導を行うことができます。グループ学習では人間関係の調整を行うこともできます。授業の内容や形態を工夫することで, 学級に応じた学校生活のプログラムを考えられるのです。小学校の場合, 学級経営と授業は直結しているといえるでしょう。

　ところが中学校では, 担任が自分の学級で授業を行うのは, 週当たり2時間～5時間程度でしかありません。発達的に客観性が育ちつつある中学生は, 授業で「学ぶよろこび」を味わわせてくれる教師に信頼を寄せ, そうでない教師の言うことは軽んじる傾向があります。したがって, 担任としての求心力を高めるためには, 学級と向き合う1時間の授業を大切にして, 生徒の理解や興味, やる気を引き出すように工夫 (中村・常盤・菅野・田上, 2007) を凝らしたいものです。

　不登校の原因に「学業不振」が予測できる生徒の割合が多いことを考慮すると, 授業の工夫

だけでなく，休み時間，放課後など授業以外の時間の中で，その子のつまずきに応じて個別支援を行うことも必要でしょう。学習支援がきっかけで担任との関係が深まり，より深刻な問題が相談される場合も少なくありません。また，学級に不登校の生徒がいる場合には，家庭訪問して学習支援を行うなど，学習の補償をすることが，子どもに学校生活への意欲と自信を獲得させるのに役立ちます。

4．コラボレーションで行う児童・生徒指導

「授業がよく分からない」「友だちとうまくかかわれない」「登校をしぶる」「発達障害の子どもがパニックを起こす」など，実際に学級で問題行動が起こった場合，子どもへの直接支援の主力は担任です。担任は，学級内の問題行動にはできるだけ自分で対処しようと努力します。しかし，担任だけでは解決できないケースも少なくありません。その場合には，学校組織をあげて児童・生徒指導が行われる必要があります。

担任は，問題が起こった場合，チームで対応するか否かの判断をし，学年主任をはじめ，児童・生徒指導部に問題を提起しなければなりません。チームには校長・教頭など管理職はもちろん，スクールカウンセラーなどを招集し，学校全体の問題として扱うことが望ましいでしょう。支援会議での担任は，学級での子どもの様子，学習面，心理・社会面，進路面，健康面など（石隈，1999）について自分のもっている情報を提供して，アセスメントでの情報源の役割を果たします。安易に自分の指導力に原因を帰せず，子どもの問題の背景を探っていくことが大切です。学校内外の支援資源とコラボレートして，子どもの問題全体に手当できるような支援が求められます。自分だけで抱え込まず，支援チームに情報提供してともに支援していくことも，担任としての大事な専門性といえるでしょう。教師の中には，チームを活用することを「恥」と考えている人もいるようですが，個人で対応して解決にいたらないことの方がよほど「恥」なのです。担任は，学級の児童生徒全員について，それぞれの学校での居場所を保障してやれる最大の味方です。「恥」を捨てて学級の子どもたちへの支援に徹しましょう。

4　学年主任に必要な専門性

1．学年会はコラボレーションの基本

学年スタッフが集まって日常の問題を話し合う学年会は，学級の状態や困難を抱えている児童生徒の様子など学年内のすべての問題が集約される場であり，学校全体の支援体制の基本ともいえます。学年内で発生する問題を見過ごしたり抱え込んだりしないように，スタッフ全員が共通認識し，支援に当たれるように学年会を活用することが，学年主任の専門性のひとつといえるでしょう。

そのためには，たとえば学年会の要項にあらかじめイニシャルなどで要支援児童生徒名を入れておき，必ずそれを話題にすること。問題が大きい場合は，学年会自体が支援チームになることもあります。業間などには意識的に職員室に集まり，お茶を飲みながら子どもの話をすることも大切でしょう。また，退校時には学年主任に一日の様子を報告してから帰るようにすることを学年内で決めておくのもよいでしょう。大切なことは，何を報告し，情報交換して，相談すべきなのかをはっきりと決めておくことです。体調を崩したりけがをした子は誰か，けんかや差別的なことはなかったか，欠席した子どもの様子の把握や家庭訪問の必要性があるかなど，具体的に決めておくことです。それは，とりわけ新人教師の役割理解のためにも必要です。

生徒の問題について担任から報告を受けた場合，学年主任は学年スタッフと打ち合わせを行

い，共通理解を図ります。状況を確認し，スタッフの意見を取り入れながら学年の総意としての方向性を示すことが大切です。このステップを軽視してしまうと，学年主任の独断専行という印象がぬぐえず，担任の自主性が育ちにくくなります。学年主任は学年職員のスーパーバイザーとしての役割を担い，教師の話を聞いて，ともに解決の道筋を考えます。

2.　校内支援体制とつなぐ調整力と統合力

　学年会で学年の総意としての方向性がまとまったら，児童・生徒指導部と協議します。もちろん協議者は学年主任です。個々の担任の思いや願いを携えて，学校全体としての方向性を明確にする協議に臨むのです。最終的には，校長の決裁を得た対応策が講じられるわけですから，担任の考えを学年レベルにまとめ上げ，学校全体の方策へと仕上げていく調整者が学年主任であるということです。同時に，教務会や学年主任会，生徒指導部会などで報告し，学校全体の中で担当学年の問題を位置づけていく役割をします。

　学校全体としての対応策を講じていく際には，たとえば兄弟姉妹への配慮なども含めて，他学年でも事前に知っておかなければならない情報が必ずあります。しかし，往々にして「学年セクト」的に情報が遮断されてしまい，自分の学年だけの問題として他学年へ情報開示しない学年主任も少なくありません。そういう学年主任は，他学年で起きている事案に対しても，われ関せずといった姿勢を見せる場合があります。これでは学校が組織的に協働しているとはいえず，よい結果に結びつくはずがありません。大切なことは個々の事案をきちんと学校全体の土俵に上げて，協議する場をもつことです。その意味で，学年主任のもつ調整力の大きさが，学校全体の組織力向上の行方を大きく左右することに気づいていただけると思います。

　学校内外の多様な専門性を有機的につなぎ合わせ，多角的に検討した対応策を生み出すことのできる統合力が，これからの学年主任が備えるべき重要な専門性になるといえるのです。

3.　小学校での学級王国集団から学年集団へ

　小学校での学年主任の特徴として，学年主任といえどもまた一担任であり，それゆえに他の学級には介入しづらいという面があります。学級では大半の教科を担任が担当しており，担任以外の教師が学級にかかわる場面は限られています。しかし，コラボレーションを進めるためには，担任それぞれの個性を学級経営や授業で生かし合える，学年全体の緩やかな複数担任制のような学年集団をつくりたいものです。

　子どもたちにも「どの先生もみんなの担任だよ」と語り聞かせ，学年行事や集会を開くだけでなく，授業中でも互いに遠慮なく教室に出入りして児童の様子を見たり，子どもたちと会話できる雰囲気づくりが大切です。気にかかる子どもや教師の様子が目についたら，時間をあけず声をかけるようにします。

　担任制である小学校では，学年内でもそれぞれ学級王国として独立しがちです。しかし，他を排除する学級王国ではなく，教師も子どもたちも互いに助け合い，協力し合える学年集団でありたいものです。ある学級が崩壊してしまっても，集団になじめない子どもたちがたくさんいても，教育力のある学年集団ができていれば，そのコラボレーションで困難を克服することができるのです。

4.　中学校でのチーム対応

　中学校は教科担任制なので，ひとつの学級には必ず複数の教師がかかわり，日常的にチームで対応しているという特徴があります。学年主任自身もまた，教科担任として授業を担当して

おり，授業や教育活動，生活場面など子どもに支援を行う機会が多く，直接生徒の行動観察が行えます。小学校のように担任がいつも子どもの生活に立ち会っていることはできませんが，学年部の教師や学年主任など複数の目を通した生徒理解や問題認識によって担任個人の情報や主観が補われ，より客観的に問題をとらえる広い視野が確保できます。

　学年主任は，担任の認識に誤りや偏りがある場合，それに気づかせ，生徒への対応や学級経営の修正を助けます。生徒の問題で担任が疲弊していたり，生徒との相性に問題があるときは，担任をケアし，サポートするだけでなく，補完的に子どもの指導や支援を行います。

5．担任教師へのサポート

　学校現場では，日々多くの問題が生じており，いじめや不登校などの問題に思い悩む教師も数多くいるのが現状です。生徒たちと直接向き合いながら過ごしている担任は，学校環境で起きるトラブルを自分の問題として認識し，責任を強く感じ，問題の解決に努力しています。特に担任が「自分には指導力がない」「その子どもや家庭とは相性が悪い」「相談しても仕方がない」などと心を閉ざしてしまうと，問題が共有されず，チームで連携する組織的な対応が難しくなります。「担任を育てるために」担任の力だけで問題を乗り越えさせようとしすぎると，担任はバーンアウトします。また，学年主任と力を合わせてなお解決できない問題が連続すると，担任は学年主任や学校組織を信用しなくなります。そのため，学年主任は相談を受けたとき，支援の方法をアドバイスしたり，聞き役に徹したり，深刻な問題では学校内外の支援資源の力を借りたり，相手や状況に合わせた問題解決的で臨機応変な対応が必要です（内山・山口，1999）。

　学年主任が果たすべき役割とは，担任の置かれている状況を正確に把握することです。自分の学年のどの学級で，どの生徒がどのような状況に置かれているのか，そして，その状況を担任がどのように把握し，どのような対応策を講じているのかを確認することが最優先されます。学年主任は，問題を把握して問題解決プロセスを共有します。各担任は，年齢もキャリアも指導力も個人差が大きいので，個々の担任に応じた支援策を講じることが必要です。実現可能でポジティブな支援策は，追いつめられている担任にとって最良のサポートになるはずです。

5　コーディネーターに必要な専門性

1．誰がコーディネーターにふさわしいのか

　不登校児童生徒が家から学校の教室まで行けるようになるためには，人それぞれ違いはありますが，その過程においてたくさんの人たちが不登校児童生徒にかかわることになります。親，家族，担任，クラスメート，適応指導教室教育相談員，カウンセラーなどさまざまな人たちがいます。その人たちが，ばらばらの対応をしていたのでは，学校に復帰することが難しくなります。そうならないようにするためには，コーディネーターの機能が必要になってきます。

　それでは，このコーディネーターを誰が行えばよいのかということになりますが，教育委員会の教育相談を担当している指導主事が最もふさわしい人物であると思います。なぜなら，学校の不登校への対応について，直接校長と話し合ってコーディネートし，担任にも直接指導ができる立場だからです。

　しかし，それでは，すべての学校の不登校児童生徒への対応は追いつきません。そこで，学校内でのコーディネーターが必要となってきます。そして，そのコーディネーターには児童指導主任・生徒指導主事こそ最適だと思われます。

　なぜ，児童指導主任・生徒指導主事がコーディネーターにふさわしいかといえば，組織を動かすことが許される立場だからです。さらには，問題解決のための組織づくりを求められている立場だからです。不登校児童生徒への理解や対応については，学校全体をシステムとして機能させることが，効果的な再登校支援を導きます。不登校児童生徒への対応では，担任が孤独になってしまうことが多く，不登校の長期化を招きます。また，それぞれの担任によって対応が違えば，保護者からの苦情の対象になることもむしろ当然でしょう。だからこそ，学校全体を組織として目的的に動かせる人が必要なのです。すなわち，担任への調整役，学校全体の支援体制づくり，管理職や教育委員会などへの連絡，相談などを行えるのが児童指導主任・生徒指導主事なのです。

　学校規模によりますが，児童生徒の問題については，児童指導主任・生徒指導主事がすべてを把握しておく必要があります。問題の程度により担任一人でも解決できるもの，学年全体で解決しなければいけないもの，学校全体で解決しなければいけないもの，教育委員会などの関係諸機関と連携しなければいけないものなど，判断および振り分けを行わなければなりません。数年前までは，児童・生徒指導部が扱う問題の多くが非行問題と考えられてきましたが，現在そのように考えている先生はほとんどありません。現状の学校環境は，非行問題に代わり，いじめ・不登校の問題が教師の直面すべき最重要課題になっています。それは，担任だけに担わせるのではなく，児童指導主任・生徒指導主事を中心に全職員での共通理解，そして全職員での対応が求められる問題でもあります。そして，全部の職員を動かすためには力のあるコーディネーターが必要となってくるのです。

2．児童指導主任・生徒指導主事の役割

　学校の校務分掌には，児童指導部会・生徒指導部会という指導部会があり，そこが児童・生徒指導の方針の明確化や具体的な方策が提案される場となっています。そして，児童指導部会員・生徒指導部会員の教師どうしの意見を交換し合い，取りまとめを行うのが児童指導主任であり，生徒指導主事の役割です。

　実際の児童生徒の問題についても，児童指導部会・生徒指導部会の場で情報交換や問題解決への方策が話し合われます。つまり，その内容を整理して問題の解決策を見いだし，コーディネートすることで担任のよき理解者，よき支援者となるのが児童指導主任・生徒指導主事の立場であるわけです。具体的には，不登校児童・生徒の気持ちを理解し，担任の対応がその子に適切であるのか吟味し，適宜，軌道修正を行う必要があります。担任への応援教師が必要なこともあります。また，関係機関やカウンセラーにつなぐことが有効な場合もあります。そのような軌道修正や調整などを図るのが，児童指導主任・生徒指導主事の役割なのです。

　児童指導主任・生徒指導主事とは，実際に行動しなくてもよく，どちらかといえば担任を支援する立場で，表には出なくてもよいのではないかと思われます。しかし，問題の正確な把握のために不登校の児童生徒に直接会うなど，担任との関係やその子どもの現状を見ておく必要があります。その結果により，今後の対応や支援の見直し，必要に応じて方向の変更などの柔軟な対応が必要となってきます。児童指導主任・生徒指導主事が常に直接働きかけをしてしまうと，担任に不安や無力感を与えてしまうことがあるので，状況が好転したら花道は担任に譲ることが大切です。

　時間的にも精神的にも余裕があった時代は，先輩教師や児童生徒主任・生徒指導主事に相談や助言を得る機会がありましたが，残念ながら毎日慌ただしい近年ではこのような心のゆとりがもてないのも現実だと思います。そんな現代だからこそ，担任支援のためにも，学校全体の

問題把握のためにも児童指導主任・生徒指導主事はできれば担任をもたず，臨機応変に対応できるようにしておくことが理想的です。発生する問題によっては，教育委員会や適応指導教室などの関係諸機関との連携も必要になります。しかし，外部資源を活用して不登校問題の解決を図るためには，校内で対応する教師どうしの支援体制の確立がまず求められるのです。学校の組織化こそ，与えられた最大の役割といえるでしょう。

3．校内支援体制の整備はまず個人の問題解決から

　文部科学省（2004a）の示すコーディネーターの仕事とは以下のような内容です。①担任が苦悩する児童生徒の問題を吸い上げ，②校内委員会で取り上げて教職員の共通理解を図り，学校をあげて支援体制を組織し，③保護者対応も含めて学校内外の支援資源を動員して問題解決に当たります。④児童・生徒支援体制を校内に定着させるために，教職員の資質向上を促進します。

　児童生徒の問題は，個人の危機状況として存在するうちに対策できないと，学級レベルの危機に発展し，やがて学校危機を招く危険をはらんでいます。そのため，子どもの危機状況を吸い上げて対策するコーディネーターは学校経営を支える要ともいえます。個人レベルの危機への日常的対応が，実は学校危機を未然に防いでいるのです。問題解決のためには，学校経営方針を念頭に教職員の意識の改革や教職員の資質の向上・指導法の改善・教育環境の整備・安全確保・地域連携などに多面でかかわらなければなりません。コーディネーターの役割は，多岐にわたるものといえます。

4．担任への支援

　苦戦する担任を支援するには校内委員会など支援会議の運営が重要です。問題の膠着が担当者を苦しめることになるので，会議の中で，問題を理解し，支援方針を立てて具体的に役割分担を図ります。問題が解決しなくても，見通しが立つだけで担任の負担は軽減されるはずです。参加者の知恵を集めて一体その問題の何が悪循環をつくっていて，何を改善することが解決に結びつくのか具体的に考えます。子ども側に問題があるときは，具体的で現実的な対応策を打ち出します（第2章参照）。

　担任が支援者としての役割を十分担えていない場合は，担任の資質向上のための支援を考えることが必要です。子ども個人や学級全体をアセスメントする力，授業での求心力，児童・生徒支援の方法の獲得が不十分な場合などでは，同じ問題が起きても対応できる担任とできない担任との能力差が歴然と出るので，担任支援を欠かすことはできません。学年主任，教務主任や学習指導主任からのコーチを依頼したり，有効な校内研修を企画します。管理職に諮って教育委員会や大学のサポートセンターなどへ指導協力を依頼したり，校内外の特別支援学級や通級指導学級の授業参観をして教授方法を学ぶなど，研修方法を工夫することもできます。とりわけ授業は，個人と学級全体の両方を把握することが求められるので，授業改善へのサポートは重要な解決策の一つです。教師の力量を向上させることで，問題の解決と同時に問題発生の抑止力も育てることになるのです。

5．スクールカウンセラーの活用

　さて，スクールカウンセラーの配置が進みつつある現在，コーディネーターに期待される専門性とは，スクールカウンセラーの活用である（文部科学省，2002）ともいえます。スクールカウンセラーとの協働においては，学校の組織に属さないスクールカウンセラーの問題解決能力を引

き出すために，具体的な問題を話し合う前にスクールカウンセラーへの役割期待，校内資源の質的な機能状況，学校経営方針，学校風土などについてのコンサルテーションが必要でしょう。

　スクールカウンセラーがうまく機能するためには，情報提供とともにスケジュール調整も重要な鍵を握ります。たとえば，スクールカウンセラーの訪問日を支援会議日にあてる，支援を要する担任の裁量時間を活用してスクールカウンセラーとの面談時間を設定するなどの工夫が必要です。コーディネーターも同席し，担任の説明を補ったり会議やコンサルテーションの進行を行います。この方法は，教師が1単位時間を有効に活用し，子どもを見る目・問題を発見する目を養うのに有効です。スクールカウンセラーの勤務日ごとにスモールステップで担任自身が取り組みをチェック・修正できること，成果を確認しながら自信をもって問題解決に当たれることで，教師の力量アップにつながります。

　児童生徒や保護者のカウンセリングを依頼する場合は，事前に情報提供して状況を伝え，事後に再度話し合ってアセスメントと支援方針を共有し，教職員の支援体制と足並みを揃えることが大切です。スクールカウンセラーをフル活用しているといって，朝から夕方まで児童生徒や保護者とのカウンセリングを詰め込み，カウンセラーから報告を受けるだけの学校もあると聞きます。しかし，スクールカウンセラーの問題解決能力を援用して校内支援体制を盤石にすることこそが活用です。関係職員の問題意識の喚起やサポートにもスクールカウンセラーを活用したいところです。

6　養護教諭に必要な専門性

1. 養護教諭と保健室

　どこの学校でも養護教諭と保健室は対になって存在します。保健室内には執務，休養，応急手当ができるスペースがあり，保健室から出入りできる相談室も隣接されるようになりました。保健室には毎日のように，けがをした，頭が痛い，お腹が痛い，元気がない，友達とけんかした，両親の仲が悪い，遊びに来たなどたくさんの児童生徒がやって来ます。保健室は，いつでも誰でも体調を通して不調を訴え，弱音を吐くことができる場所です。養護教諭は，痛いというお腹を触診したり，発熱の額に手を当てたり，肩や背中をさすったり，健康管理上のボディタッチで皮膚接触を伴う至近距離から子どもとの関係をつくることができます。それは，教室での授業では得られない安らぎや温かさであるはずです。いつでも調子の悪さに耳を傾けてくれる養護教諭が保健室にいることで，不安定な状態の子どもに安心と安全が確保できる学校内での特殊な空間を提供することができるのです。

　また，養護教諭は，保健室を訪れる子どもについて，チャイムが鳴るまでに教室に戻した方がよいか，保健室で休ませた方がよいか，学級集団よりも相談室で継続的にケアする必要があるかなどの判断を迫られます。体調不良の背景に生徒が心理的な問題を抱えている場合，問題の深刻さや置かれている家庭環境，性格，学校への適応状態を見極め，担任や管理職と共通理解をはかりながら今後の対応を検討することが大切です。

　子どもの訴える変調がいつ頃から起きてきたかは，毎日実施している健康観察や初年度に行う保健調査，定期健康診断などからもとらえられます。バランスよく発達を遂げていないと心身の健康度の境界は分けにくく，さまざまな身体的症状で不適応を訴えます。そのため，養護教諭は身体症状に関する知識・心の健康問題への知識と，行動観察の方法や簡便な心理テストなどカウンセリング技法を身につけておくことが求められます（三木, 2007）。

2.　アセスメントに役立つ情報提供とコラボレーション

　養護教諭は，子どもの本音が聴きやすい立場にあり，児童生徒との関係が良好な場合，多くの子どもたちから多種多様な情報が集まります。保健室での子どもは，集団場面では見せない言動をとったり，同輩どうしの子ども評価や家族から漏れ聞く他家の家庭の様子も伝わってきます。

　このようなインフォーマルな情報は，子ども理解に役立つことが多く，担任や教科担任の情報とつなぎ合わせると，より子どもの全貌に近づくことができます。学校への適応に苦戦する子どもは，集団の喧噪から保健室に一時避難する場面も多く，反対に元気を回復して安定すると，不思議に足が遠のきます。保健室の利用状況からその子がいま級友とうまくやっているかどうかを判断することができるのです。保健室での利用状況や行動観察は，学校での適応に困難をきたす子どもをいち早く発見し，支援過程では学級集団との折り合い状況のモニタリングにも役立ちます。養護教諭からの情報提供は，児童生徒のアセスメントには欠かせないといえるでしょう。

　校内での連携を円滑に図るためには，担任だけでなく教育相談係との情報交換や話し合いがとても大切です。問題の発生に気づいたら，教育相談係とともに職員の問題意識を喚起し，生徒のニーズに沿った具体的な支援策を講じることが効果的です。また，健康管理面から疲れている担任をねぎらうことで支援が活性化することも少なくありません。

3.　子どもへの個別支援と保健室

　集団の中で終日過ごすのはつらいけれど，学校までは来られないわけでもないという対人不安の事例が，とりわけ中学校には多くみられます。それは，自分自身への注視が強まる思春期の心性の特徴でもあります（遠藤，1995）。教室で過ごせない子どもたちは，居場所を求めて保健室にやってきます。そのようなとき，「甘やかすから」「依存を助長するから」などの理由で保健室や相談室への出入りを禁止しても，不登校児童生徒が増えるばかりで問題解決にはつながりません。それよりも，不適応を呈している子どもたちへの支援方針を具体的に立てて，成長促進を図ることが求められます。

　児童生徒の成長に働きかけができるのは，集団の場だけに限られるわけではありません。保健室では1対1の濃密な関係がつくられやすいため，親子関係が不安定な子どもの安全基地の役割を果たし，信頼関係を基盤に内省を促したり，自己肯定感を獲得させたりすることができます（國分・門田，1996）。保健室を拠点に，養護教諭に癒され，慰められ，見守られ，ときには叱られ，励まされて，学級集団での生活にチャレンジできるようになる不登校児童生徒も少なくないのです。不安定な児童生徒がひとりで問題を抱え込まずにすむように保健室を活用することも，精神保健の管理として大切な課題です。

　しかし，養護教諭だけが保健室登校の子どもの面倒をみて孤立することは避けなければいけません。そのためには，保健室で何ができて，どのようなときにどのような教職員の応援を受けたいかを整理し，校内支援体制の中での保健室の位置づけを明らかにすることが大切です。

　また，記録を積み重ねることも重要です。それは，保健室で過ごす子どもたちに立ち会えない関係職員への報告としても不可欠です。記録することは，そのときは大変ですが，問題の所在をきちんとつかむためにも，整理をつけるためにも有効で，その経験は次の事例にも生きてきます。小規模の中学校で生徒全員の健康相談活動を実施したとき，個人ごとに記録をまとめました。似通った事例を抱えたときは，過去の個票を取り出して参考にし，さらに新たなやり方を加え，その蓄積が健康相談活動の効率を高めました。たくさんの事例の記録と整理は健康

相談活動の実践を実り豊かなものにしてくれるでしょう。

7　スクールカウンセラーに必要な専門性

1.　アセスメント

　学校がスクールカウンセラーに求める専門性とは，不登校，いじめ，怠学などの膠着する問題をどう理解し，どう対処すればよいのかという問題解決能力に尽きるでしょう。多くの場合，問題行動には意味があり，悪循環を作る背景をもっています。アセスメント（問題分析）では問題を多面からとらえて整理することでその意味を読み解き，悪循環の要因をとらえます。

⑴生徒の問題解決のためのアセスメント

　最初のアセスメントは，子どもの問題行動の背景に疾患や軽度発達障害が関係しないかどうかの確認です。問題が改善する見通しなしに，安易に相談支援の対象にすることは許されないからです。疾患には医療的ケアが必要だし，軽度発達障害には特別支援が行われなければいけません。たとえば「落ち着きがなく，指示に従えない」問題については，てんかんなどの脳波異常があるのか，軽度発達障害なのか，被虐待などの傷つきのある子なのか，単にしつけがされていないだけなのかなど，子どもの状態を多角的に検討し，正確に把握することが必要です（鵜飼, 2008）。怠学の陰に精神疾患が潜んでいることもあります。疾患や発達障害，虐待など学校だけで手に負えない問題については，ケアできる専門機関を紹介し，連携することが望まれます。

　子ども自身の問題としては，学校適応の状況についての把握が不可欠です（中村・田上, 2005, 2006）。学校環境の主要な構成要因である教師，級友，勉強との関係（古市・玉木, 1994; 岡安ら, 1992）について検討します。また，子ども個人の性格や傾向，知的能力，体力，家族関係，基本的な生活習慣の獲得状況なども，学校生活を支える大切な要因です。

　本来，アセスメントは面接と行動観察と心理テストから行いますが，心理テストは本人，保護者，管理職の同意が必要なため，行うことが難しい場合もあり，学校で行う知能検査，学力テスト，学業成果の内容などの活用が有効です。また，スクールカウンセラー自身が行動観察する時間や場面も十分には得難いので，行動観察は，教師を情報源にすると多くの有用な情報が得られます。

⑵学校の児童生徒支援体制へのアセスメント

　スクールカウンセラーが各学校に配置され，学校の中に存在していることの最大のメリットは，学校環境についてのアセスメントを直接行えることにあります。子どもの問題行動を担任がどうとらえてどう動き，担任を支える学校全体の児童生徒支援体制がどのように機能しているかという，支援システムへのアセスメントです。校内支援体制がうまく機能していないと，負担が担任に偏りがちで，サポートチームを作ることができません。校内支援体制がうまく機能していない場合は，どこに不具合があるかをとらえ，誰に進言すれば状況改善につながるかをアセスメントすることも大切な役割です。

　アセスメントにおいては，①子ども自身が今まで何をどのように身につけてきたのか，何を身につけてこられなかったか（鵜飼, 2008）という個人の成長段階，②子どもと学校環境との折り合い状況，③それに対して学校ではどのような支援体制でどのような支援を行うことができているのかを把握し，共通理解を図ることが必要です。

2. カウンセリング

(1)児童生徒に対するカウンセリング

　多くの子どもは，その問題や感情に寄り添って話を聞いていると，能弁にさまざまな状況が語れるようになります。ところが，緊張や防衛が強いとき，自己を表現できるほど言語的成熟が得られない場合などは，言語以外でのコミュニケーションが必要です。絵画療法，コラージュ，箱庭，心理テスト（SCT，PFスタディ他）など，現状の心理状態を投影できるツールの準備が求められます。スクールカウンセラーは，言語・非言語の両面から子ども自身の問題をとらえ，問題をともに整理するプロセスを通して客観性と問題解決能力を引き出します。問題解決過程での試行錯誤場面などを取り上げ，カウンセリングで内的葛藤の克服に導き，回復力（レジリエンス）と自己肯定感を育みます。

(2)保護者へのカウンセリング

　保護者とのカウンセリングは，それまでの学校とのやりとりを通して，学校適応をめぐる子どもの問題を十分理解することができなかった場合と，保護者自身がカウンセリングニーズをもち，現状のままでは支援者としての役割が十分果たせない場合に大別できます。また，自分自身の学校生活体験から，学校そのものに特別な感情を抱いていることもあります。スクールカウンセラーは，情緒的葛藤や疲弊などからくる保護者個人のカウンセリングニーズと，現実的に子どもの現状を理解し，受け入れ，かかわっていくためのコンサルテーションニーズ（田村・石隈, 2007）の両方への対応が求められ，親役割への適応支援を行います。

3. コンサルテーション

(1)ケースについてのコンサルテーション

　教師とスクールカウンセラーとの協働で，まず求められるのは，問題をどうとらえるかというアセスメントの共有です。ひとりの子どもの支援に当たっては，担任，学年主任，養護教諭，児童生徒指導部，相談員などさまざまな立場の教職員が在職しており，スクールカウンセラーはこれらの教職員とともに個々の子どもについてイメージ合わせを行うことが欠かせません。異なる立場から同じ子どもがどのように見えるかを確認し，結びつけ（鵜飼, 2008），問題の共通理解を図ります。そして，問題解決のための具体的な方策についてともに検討し，支援計画を作成して役割分担を進めます。教師はその情報や方策を用いて，誰がどの立場からどのように子どもや保護者に関わればよいか，何をしてはいけないのか（今田, 2007）などの明確な理解が得られると問題の改善につながりやすくなります。スクールカウンセラーは，子どもの問題行動の意味や支援行動の意図などについてコンサルテーションを行うと，チームの質的な理解と士気を高めることができます。

(2)児童生徒支援体制についてのコンサルテーション

　複数の支援者がチームを組んで対応しなければならないような深刻な問題で，チームのコーディネートを行うのは教師です。教師はたくさんの仕事を同時進行させていて多忙なため，時間的制約から効率的な支援展開が行えないとチームのモチベーションの維持が難しくなります。コーディネーターが，支援計画に基づいて役割分担を行い，支援展開を把握するとき，スクールカウンセラーも展開を見守り，児童生徒支援体制が有機的に機能するように支援計画に柔軟な微調整を加えることが大切です。

　コーディネーターを含めて児童生徒支援体制そのものが機能しない場合は，体制に影響を与えられるマンパワーに状況を伝え，改善策を検討することが必要でしょう。

8 管理職に必要な専門性

1. 教職員と組織を育てる

　教師の仕事は子どもの教育です。したがって，教師の支援対象は学校内の児童生徒です。管理職の仕事は，学校を育てることです。したがって，管理職の主な支援対象は教師で，教師を支援して学校の教育機能を高めることで，間接的に児童生徒を支援します。

　学校には男女の違いばかりでなく，経験年数や児童生徒などへの対応の巧拙などさまざまな特質をもった教職員が数多く配置されています。管理職に求められる専門性は，こういう教職員一人一人の資質や能力，人間関係などを的確に把握し，だれをどのポストに充てるかという人的配置の点に，まず発揮されなければなりません。

　学校体制を決める児童生徒への支援組織の編成こそ，管理職の仕事だからです。担任，学年主任という，最前線で子どもの教育に当たる人材をはじめ，各種主任，係をどのように配置し，どのように生かすか。子どもへの教育と教師の育成は，管理職にとっては同時進行で行われるべき仕事で，教職員の適材適所配置が学校の活力の決め手ともなります。そのため，年功序列ではなく，能力に応じた人的配置が理想的で，単に温情に頼るのは禁物です。この人的配置によって学校組織がつくられ，組織の稼動力が規定され，学校の命運が決まるのだと心得なければなりません。

2. 課題解決へのビジョンと実践

　学校経営とは，職員一同一丸となって目指すことのできる方向を示すものでなければいけません。校長は，教職員に対して明確に教育ビジョンを提示する必要があります。学校は，教育目標を具現するために，具体的にどのように教育に取り組むのか。いろいろな局面に置かれたとき，このビジョンが明確で具体的なら，職員は悩まず進むべき道を考えることができるでしょう。

　また，学校の置かれている現状を多面的に把握し，課題を基に作成した解決へのビジョンを発信することも重要です。仮に不登校傾向の児童生徒が多い現状を改善したいならば，「生徒の心と体の健康を維持するための講話・調査・話し合い・相談活動・外部との連携などを行い，児童生徒が元気に登校する学校をつくります」と生徒・職員・保護者などにわかりやすく示し，管理職自らが率先してその具体策を教育活動の中に位置づけていくことが大切なのです。たとえば，不登校生徒の傾向を洗い出し，彼らの苦痛への手当と対応策の検討を行います。また，同様の傾向をもつ生徒を不登校にしないための学級づくりの具体的検討や職員研修が必要です。教育相談を実施し，担任が気になる生徒をチェックし，その生徒への対応を協議させることも大切でしょう。授業の工夫，学級・学年行事の企画，校長講話，学年集会での学年主任講話，養護教諭講話などにも一貫性をもたせて学校体制として取り組みます。

　また，不登校やいじめなど緒問題が現実にありながら職員に危機感が低いと感じた場合には，校長自身がその必要性と重要性とを職員に十分力説し，粘り強く，組織的に解決する姿勢と実践を見せないと危機は脱出できません。

　チームを組んで不登校対策に取り組む場合には，管理職は以下のようなポイントが職員に示されるように配慮するとよいでしょう。ただし，解決を急ぎすぎてはいけません。

3. 外部機関への働きかけ

　学校現場は教師の多忙化ばかりか，不登校児童生徒，自傷行為，いじめなどが依然として続出する厳しい現状が続いています。こうしたなかで，スクールカウンセラーという専門職が生まれ，そのマンパワーを学校に導入できるようになりました。スクールカウンセラーは教育委員会から派遣される非常勤職員です。このような教師とは異なる専門職を学校の中でどう活用するか。組織を育てる管理職の力が問われます。

　また，保護者の養育義務放棄，うつ病，無職などが目立つようになり，スクールカウンセラーを含めて学校内部の職員だけでは対応しきれない状態が頻出する日常です。これらの問題に対応できる学校外の協力機関として，児童相談所，行政区の保健課や子ども課，医療機関，民間支援団体，幼稚園，自立支援施設などがあげられます。学校は，児童生徒支援にあたって，今後ますます外部機関との協働が求められることになるでしょう。管理職は，子どもの問題解決を図るにあたって，最も効果的で効率的な外部機関を選択し，協働で問題解決に当たれるように，日頃から情報収集と良好な関係の維持に努めることが大切です。

4. 苦戦する担任への校内支援体制

　学校不適応に陥っている児童生徒の担任を支援していくためには，管理職が学校内の情報を正しく把握していることが大切です。最も望まれるのは，管理職が1対1で担任と話し合う機会を意図的につくることです。担任は多忙で，なかなか話し合う時間がとれませんが，用があって校長室に入ってきたときや空き時間など，機会をとらえてその学級で抱える問題について話し合います。

　不登校ぎみの児童生徒やその親，それぞれへの対応，経過など，具体的に話を聞いて今後の方針を確認すると，担任自身の子ども支援への姿勢や力量だけでなく，担任をサポートする校内体制がつぶさに理解できます。子ども支援の最前線にいる担任を孤独に問題解決にあたらせ，バーンアウトさせることは避けなければなりません。そして，支援を必要とする児童生徒の問題に教職員が手をこまねき，未解決のまま見過ごしにすることも絶対に避けなければなりません。そのためには，苦戦する担任に学校をあげてサポートするシステムが必要です。学年主任からのサポートは得られているか，学年部への生徒指導部のサポートはできているか。養護教諭や学習指導部などもかかわって，情報を共有し，教職員どうしチームを組むことはできているのか。問題が深刻で教師の手に余るとき，スクールカウンセラーや他機関との連携はできるのかなど，校内支援体制の機能の状況を把握する必要があります。

　校内体制に機能不全が認められる場合は，配置転換など組織構成や方法を転換して校内システムを機能させなければいけません。管理職は校内支援体制そのものをバックアップし，支援チームの方向づけを行います。校内体制は学校経営に直結するので，管理職が要支援児童生徒の問題解決を学校体制としてどう位置づけ，どう対応するかというビジョンなしにはシステムの充実は得られないでしょう。児童生徒支援体制は，学校の組織力そのものだともいえるのです。

　管理職の仕事としては，配置された養護教諭やスクールカウンセラー，心の教室相談員など1名しか配置されていないポストの職員を，教員集団から孤立させないことも大切です。配置下の教職員を総動員して一丸となれる学校体制を整えるリーダーシップこそ，管理職の手腕を問われる専門性といえるでしょう。

9　指導主事に必要な専門性

1.　学校への指導・助言

　指導主事としての真価が最も問われるのは，学校への指導・助言です。その機会は以下のような場合が考えられます。

　①から④については，学校も指導主事も事前に訪問予定が設定されており，指導主事などの訪問に備えて，学校では計画的に準備が進められます。いわば「見せる学校」「見せる授業」に招待客として訪問する場面です。教育委員会は，行政区の学校教育の充実を図るために存在します。指導主事の指導・助言は，教師の成長を願って行うものなので，各教師の授業や子どもへの対応について，良いところと改善の可能性のあるところをポジティブに受け止めてもらえるように配慮します。

　指導主事自身が授業法や支援方法などについて勉強し，ビジョンをもって臨むと，指導・助言によって教師がスキルアップを図ることができ，学校現場からの評価が得られます。しかし，指導主事の学びの底が浅く，そんなことを指導されても新しい知見を得られない場面が続くと，学校現場は指導主事に対してシビアな評価を下します。教師間の助言を越えて，さらに一歩踏み込んだ有意義な指導・助言を提供できるかどうかが指導主事の価値を問う分かれ道でしょう。

　⑤⑥は，危機事態での学校の対応についての確認と応援です。長期化した不登校児童生徒の問題とは，子ども個人の危機でもありますが，時間が経過してなお支援できない学校の支援体制の危機でもあります。したがって，指導主事の訪問によって，学校が「このように支援しよう」という展望と活力が与えられなければいけません。そのために，指導主事は子どもの学校不適応についての対策を具体的にたてられる力量を備えていることが求められます。

　学校危機についても同様です。学校危機には災害や偶発的事故など人知では避けようのないものがあります。しかし，学校組織の体制に欠陥がありながら修正が行われず，介入してみると，多くの教職員から危惧していた結果だというような内容が異口同音に語られる場合もあります。このような場合は，ひとまず起きてしまった事件・事故についての問題解決に取り組みます。その問題解決過程は，尋常ではなく大変なので，介入する指導主事側からは学校体制や学校ごとのマンパワーの質がよく理解できます。危機場面への介入では，何よりも児童生徒が安心して学校に通えるように問題解決することが危急の課題です。その際，スクールカウンセラーなどの支援職とチームを組むと，問題解決能力が飛躍的に高まります。

　そして，問題解決過程での学校の様子をよくとらえ，組織上の問題や校内体制に立て直しの必要があるかどうかを判断します。学校が自力で体制を立て直すことができないときには，実態把握のための関係者への聞き取り調査，関係参考資料の収集，スクールカウンセラーとの連携，上司への詳細報告，教育委員会内部での支援方針検討などを行いながら学校訪問を重ねます。危機場面での管理職への指導助言は，具体的な事態解決への方針や今後の防止策が与えられるものでなければ役に立ちません。指導の内容は教育長を中心にした教育委員会内部職員などのプロジェクトチームが導き出すものであることはいうまでもありません。指導主事は管理職に寄り添って学校体制の立て直しを支援し，

表 4-5　指導主事の学校への指導・助言

①学校訪問での指導・助言
②各種研修会時の指導・助言
③研究学校指定校での指導・助言
④校内研修会での指導・助言
⑤不登校が増加・長期化している学校（管理職）への指導・助言
⑥異常事態が発生した学校への指導・助言

管理職とともに新しい学校づくりに専念しなければなりません。その危機を乗り越えることで学校の問題解決能力全体が高まるような指導が必要なのです。

2.　教職員の資質向上へのバックアップ

　指導主事の仕事の目的は，教職員の資質の向上です。児童生徒に対応する教師力はさまざまな場面で問われています。授業，学級経営，特別活動，教育相談，特別支援教育，児童生徒の学校不適応など多様な場面で，教師は児童生徒にどのように支援するか。そして，保護者にどのように対応することができるのでしょうか。

　指導主事自身が各学校を頻繁に訪問して管理職や教師とともに過ごし，学校の問題や様子を把握し，指導・助言を行うことはもちろん大切です。しかし，個々の学校や案件にとらわれず，行政区全体の問題や傾向を把握し，現状に求められる知識やスキルについての研修を企画することも重要な専門性だといえるでしょう。現場の教職員が研修に参加し，現状を振り返って省察することができたり，明日から取り入れてみようと思えるような知見を提供することも，教職員の実践をサポートするはずです。

3.　教育長への進言と情報提供，そしてシステム構築

　学校教育，社会教育など教育長の幅広い仕事を支えていくには，指導主事の力が支柱として大いに重要です。教育長に比べて，指導主事は教育現場に近い立場にいるためにさまざまな情報が入りやすく，各学校や教職員の様子を把握することができれば，生の現場を教育長に伝えることができます。

　把握した情報の中で緊急を要するものについては，対応後，早期にシステムそのものへの対策が必要です。特に，ひとつの学校に不登校児童生徒が増加してきたとか，児童生徒への体罰問題が発生して学校と保護者間でトラブルになってしまったなどの学校危機は，教育長に速報を入れて指示を受けるとともに，指導主事間で連携をとって早急に教育委員会として対応や改善策などを検討し，具体的な形で教育長に進言しなければなりません。

　教育長の決裁後は，その指示事項に従い，指導主事がリーダーシップをとって教育委員会職員・管理主事・当該学校長・スクールカウンセラー・関係諸機関などと連携を図り，問題解決に努めます。全面的に学校をバックアップし，いち早く正常の状態に戻すのです。そして，現実に起きている問題解決の後に，同様の問題を防ぐ抜本的対策を検討できるかどうかが，教育委員会の組織力を問われる最大の要因だということを肝に銘じるべきでしょう。

10　教育長に必要な専門性

1.　教育委員会の組織と目的

　教育委員会は教育行政に関する地方分権の担い手であり，教育の政治的中立性と教育行政の確保を目的とした行政委員会です。教育委員会の運営は，教育の素人による民衆統制（レイマン・コントロール）として，首長に任命された教育委員による合議制を基本にしています。教育委員の間で互選されて，教育委員長と教育行政の専門家としての教育長が選ばれます。教育長には常に不易と流行を見定めたうえで，自治体独自の，その地域に根差した教育施策を立案することが求められます。よい学校とは，子どもたちが生き生きしている学校であり，教師が磨き合って親や社会の期待に応えられる学校です。このような学校を目指して教育委員会は，学校経営の諸条件（人，物資，資金，組織・運営）を整え，学校支援を行います。

2.　教育委員会による学校支援

①教師のための「親しみのある開かれた教育委員会」づくり

　教職員の教育委員会に対してのイメージは，行きづらい・敷居が高いなどであることが否めません。何かと訪れる機会が多い管理職からの情報は把握しやすいのですが，教職員からの情報は把握し難い教育委員会の現実があります。しかし，誰もが気軽に相談に来られるような「親しみやすい開かれた教育委員会」を目指すことが大切です。なぜなら，教育委員会とは学校のために存在しているからです。

　学校では担任が最前線で子どもの教育にあたっています。仮に，どこかの学級でとても深刻な問題をもつ子どもが在籍し，担任ひとりではとうてい手に負えず，学年主任や管理職に相談したとします。学年主任や管理職，あるいは校内支援体制がすぐれていて学校内に問題解決を求めることができれば，担任の肩の荷はともに背負う人を得て軽くなるでしょう。しかし，そのような SOS に学校が十分応えられないとき，担任はますます窮地に追い込まれます。担任は疲弊し，バーンアウトする危険も避けられません。すなわち学校危機の到来です。ひとりの児童生徒への支援が不十分だと，それは学級の中に飛び火して学級経営がぐらつきます。これを防ぐためには担任への支援が十分行われなければいけません。

　教育委員会は，教師が精神疾患などで傷病休暇の申請をしたときの手続きを行う場所でもありますが，その前に教師のバーンアウトの防波堤の役割も担っています。教職員の皆さんには，配置校にあってひとりで悩まず，是非，教職員仲間でもある指導主事に気軽に相談してほしいと申し上げたい。学校を支え，育てる存在として教育委員会は存在するのです。

②教育委員会は学校を変えるために具体的なビジョンを示すこと

　学校経営を推進するにあたっては，教育委員会の明確なビジョンを示すことが必要です。学校経営は，各自治体の教育施策の具現を目的に行われるものだからです。確かな学校経営を求めるためには，教育委員会が目指す教育のあり方や具体的方針などをわかりやすく提示することです。そのためには，学校現場での現状を正しく把握し，実態を分析して，長期目標・中期目標・早急に解決すべき短期目標を示すことが必要です。

　目標を具現するためには，数値目標などの導入も効果的です。ただし，ひとつの目標を掲げて達成を追求すると，偏った学校経営に陥り，その価値観の達成に貢献できない児童生徒を追いつめる危険があります。したがって，さまざまな能力や発達状況の子どもを受け入れる公立校では，達成目標を複数化して危険分散する配慮が必要です。

　偏りや歪みの修正なしに学校経営を行うと，短期的な成果は得られても，長期的には必ず弊害を生み，新たな学校危機を迎えることになります。教育委員会は，学校に活力を導入しながら，なおかつ偏りを矯正し，学校危機を未然に防ぐコントローラーの役割を果たさなければならないでしょう。

3.　学校現場のブレインとしての指導主事

　教育長の最大の補佐役であるのが指導主事です。指導主事は，学校現場と直結して教育行政との橋渡しを行う存在です。教育委員会が確かなビジョンをもつためには，現場から確かな情報を収集し，的確に分析することが必要です。分析は，学力検査結果，不登校率，保護者の学校評価，教員評価，学校の自己評価の方法，各種行事や研究授業の様子，学校訪問時の印象など多面的に検討することが大切です。

　情報を収集し，分析する力がないと，学校全体を客観的にとらえることができず，学校に対して意味のある助言を行うことができません。学校現場の教職員も研鑽を重ね，いっそうの専

門性を追求しているので，分析力が低く，専門的知識の乏しい指導主事からの助言は，むしろ教育委員会への不信を招きます。指導主事を学校現場のブレインとしてどう育てるか，これもまた教育長にとっての大切な使命だといえるでしょう。

4.　教育委員会による学校支援体制の確立

　学校危機とは何か。簡単明瞭です。学校に所属する子ども個人が直面している危機に支援を行えない状況のことをいいます。少子化や社会の変化から子どもや保護者の社会性の低下が指摘され，学校現場はますます厳しい現実にさらされつつあります。学校現場にふりかかるさまざまな課題にいかに柔軟に対応し，ひとりずつの子どもに支援を行うか。これこそ学校経営，ひいては教育行政の力を問われる問題だといえるでしょう。

健全な学校経営と児童生徒支援のためには，教育委員会にも戦略が必要です。まず，問題を抱えている学校への生徒指導担当教員の加配や年齢・経験年数を考慮した教員の配置を行うこと，中でも学校経営の核になるミドル級の教員の配置が必要です。

　第二に求められるのは，各学校の経営方針を理解し，意欲的に実践するための具体的な戦略をともに考えることです。さらに予算面でも，自由に使ってよい一律の予算を確保し，学校経営の改善が期待される学校にはさらに予算をつけて学校の意欲化を図るべきでしょう。学校の力だけで容易に解決しない不登校対応などの問題には，問題解決を目的にした戦略の他に，予防的な戦略とそのシステム化こそ必要です。

　第三には学校事故などに素早く対応する支援態勢です。特に教職員の危機管理に対する意識改革のため，校内研修などに専門家を派遣したり，対応策を示すマニュアル作成を行うなど，有事に慌てない備えが必要でしょう。緊急課題発生時のためのプロジェクトの設立も有効です。しかし，それぞれの対応には，各問題に対応できる専門性が要求されます。教育委員会は発生する可能性のある問題を整理して，それぞれの状況では誰に支援要請を行えば有益なのか，支援資源を開拓しマネジメントする力が求められるでしょう。

　学校危機の最大の予防は，子ども個人の危機に適切な支援を行い，最小限で危機を食い止めることです。子どもの危機は，克服することで成長促進効果が得られ，それを支援する教師もまたともに成長することができます。学校組織の成長も，子どもへの支援とともにあるはずです。教師の成長を支える学校支援こそ，教育長の使命であり専門性に他なりません。

引用文献

相川　充・佐藤正二　2006　実践！ソーシャルスキル教育中学校—対人関係能力を育てる授業の最前線　図書文化社

Amen, D. G.　2001　*Healing ADD：The breakthrough program that allows you to see and heal the six types of attention deficit disorder.* New York: G. P. Putnam's Sons.（ニキ・リンコ（訳）　2001　「わかっているのにできない」脳1：エイメ博士が教えてくれるADD の脳のしくみ　花風社）

American School Counselor Association　2003　*The ASCA National model: A framework for school counseling programs.* Alexandria, VA: American School Counselor Association.（中野良顯（訳）　2004　スクール・カウンセリングの国家モデル—米国の能力開発型プログラムの枠組み　学文社）

蘭　千壽　1992　セルフ・エスティームの形成と学校の影響　遠藤辰雄（編）セルフ・エスティームの心理学　ナカニシヤ出版　Pp.178-199.

Barker, P.　1981　*Basic family therapy.* London: Blackwell Scientific Publications.（中村伸一・信国恵子（監訳）　1993　家族療法の基礎　金剛出版）

Bronfenbrenner, U.　1979　*The ecology of human development.* Cambridge, MA: Harvard University Press.（磯貝義郎・福島　護（訳）　1996　人間発達の生態学　川島書店）

Carlson, R.　1970　Comments on Ziller's formulation. *Journal ofConsulting and Clinical Psychology*, **2**, 264-268.

Caplan, G.　1964　*Principles of preventive psychiatry.* New York: Basic Books.（新福尚武（監訳）　1970　予防精神医学　朝倉書店）

Cowie, H., & Sharp, S.　1996　*Peer counseling in schools —A time to listen —*. London:David Fulton Publishers.（高橋通子（訳）　1997　学校でのピアカウンセリング—いじめ問題の解決にむけて—　川島書店）

Dapretto, M., Davies, M. S., Pfeifer, J. H., Scott, A. A., Sigman, M., Bookheimer, S. Y., & Iacoboni, M.　2006　Reflecting on the mirror neuron system in autism : A systematic review of current theories. *Nature Neuroscience*, **9**, 28-30.

遠藤利彦　1995　人の中への誕生と成長—親子関係から仲間関係へ—　無藤　隆・久保ゆかり・遠藤利彦　発達心理学　岩波書店　Pp.38-57.

Erikson, E. H. & Erikson, J. M.　1997　*The life completed: A review* (expanded ed.). New York: W. W. Norton & Company.（村瀬孝雄・近藤邦夫（訳）　2001　ライフサイクル，その完結 増補版　みすず書房）

深谷和子　2007　子どもに「強さ」を育てよう—いま，若い世代に欠けている心の「強さ」　児童心理, 61 巻 2 号, 2-11.

福島脩美・樺澤徹二　2003　学校カウンセリングの考え方・進め方　金子書房

福島脩美・田上不二夫・沢崎達夫・諸富祥彦（編）　2004　カウンセリングプロセスハンドブック　金子書房

古市裕一　1991　小中学生の学校ぎらい感情とその規定要因　カウンセリング研究, **24**, 123-127.

古市裕一・玉木弘之　1994　学校生活の楽しさとその規定要因　岡山大学教育学部研究集録, **96**, 105-113.

古川雅文　2007　スクールカウンセラーの役割　新しい実践を創造する学校カウンセリング入門　国立大学教育実践研究関連センター協議会　教育臨床部会（編）　東洋館出版社　Pp.24-31.

Grandin, T., & Scariano, M.　1986　*Emergence: Labelled atusitic.* Novato, CA: Arena Press.（カニングハム久子（訳）　1993　我, 自閉症に生まれて　学習研究社）

Grinker, R. R.　2007　*Unstrange mind remapping the world of autism.* New York: Basic Books.（神尾陽子・黒田美保（監訳）佐藤美奈子（訳）　2016　自閉症：ありのままに生きる—未知なる心に寄り添い未知ではない心に　星和書店）

Hadfield, J. A.　1962　*Child and adolescence.* New York: Penguin Books.

Harris, J. R.　1995　Where is the child's environment? Agroup socialization theory of development. *Psychological Review*, **102**, 458-489.

Harris, J. R.　1998　*The nurture assumption: Why children turn out the way they do.* New York: Free Press.（石田理恵（訳）　2017　子育ての大誤解：重要なのは親じゃない 新版上下巻　早川書房）

Harris, J. R.　2000　The outcome of parenting: What do we really know? *Journal of Personality*, **68**, 635-637.

Harris, J. R.　2006　*No two alike: Human nature and human individuality.* New York: W. W. Norton.

Havighurst, R. J.　1953　*Human developmental and education.* New York: Longmans, Green.（庄司雅子（訳）　1958　人間の発達課題と教育　牧書店）

Hill, C. E.　2004　*Helping skills：Facilitating exploration, insight, and action* (2nd ed.). Washington, D.C. American Psychological Association.（藤生英行（監訳）　岡本吉生・下村英雄・柿井俊昭（訳）　2014　ヘルピング・スキル：探求・洞察・行動のためのこころの援助法　金子書房）

平木典子　1998　シリーズ「心理臨床セミナー」②家族との心理臨床─初心者のために─　垣内出版

堀　公俊　2006　ファシリテーション型リーダーシップが身につくスキル　あさ出版

Hollis, F.　1964　*Casework; A psychosocial therapy.* New York: Random House.（本出祐之・黒川昭登・森野郁子（訳）
　　1966　現代精神分析双書6 ケースワーク─心理社会療法　岩崎学術出版社）

保坂　亨　1998　「児童期・思春期」　下山晴彦（編）　教育心理学Ⅱ─発達と臨床援助の心理学　東京大学出版会
　　Pp.103-126.

保坂　亨　2000　子どもの心理発達と学校臨床　近藤邦夫・岡村達也・保坂　亨（編）　子どもの成長 教師の成長　東
　　京大学出版会　Pp.333-354.

池島徳大　2007　生徒指導と学校カウンセリング　佐藤修策（監修）　相馬誠一（編）　学校カウンセリングの理論と実践
　　ナカニシヤ出版　Pp.13-24.

今井五郎　1986　学校教育相談の概説　今井五郎（編著）　学校教育相談の実際　学事出版　Pp.8-32.

今田里佳　2007　コンサルテーションの基礎基本　新しい実践を創造する学校カウンセリング入門　国立大学教育実践
　　研究関連センター協議会教育臨床部会（編）　東洋館出版社　Pp.68-73.

石毛みどり・無藤　隆　2005　中学生における精神的健康とレジリエンスおよびソーシャル・サポートとの関連　教育
　　心理学研究，**53**, 356-367.

石毛みどり・無藤　隆　2006　中学生のレジリエンスとパーソナリティとの関連　パーソナリティ研究，**14**, 266-280.

石隈利紀　1999　学校心理学─教師・スクールカウンセラー・保護者のチームによる心理教育援助サービス─　誠信書
　　房

石隈利紀・田村節子　2003　石隈・田村式援助シートによるチーム援助入門　学校心理学・実践編　図書文化社

伊澤　孝　2008　勉強に自信がなくて，授業に消極的な子　児童心理，**62**(5), 99-103.

伊澤　孝　2015　学級の仲間づくりに活かせるグループカウンセリング　田上不二夫（監修）　対人関係ゲーム集　金子
　　書房

自治体国際化協会　2000　アメリカ合衆国の教育の現状について　海外事務所だより　http://www.clair.or.jp/index.
　　html.

Kantor, D., & Lehr, W.　1975　*Inside the family: Toward a theory of family process.* San Francisco, CA: Jossey-Bass.
　　（野々山久也（訳）　1990　家族の内側─家族システム理論入門─　垣内出版）

かしまえりこ・神田橋條治　2006　スクールカウンセリング モデル100例　創元社

加藤総夫　2015　痛みを生みだす脳機構─痛みの進化生理学試論　理学療法雑誌，**42**, 665-666.

Kaufman, J., Kaufman, S. B., Lichtenberger, E. O.　2011　Finding creative potential on intelligence tests via divergent
　　production. *Canadian Journal of School Psychology*, **26**, 83-106.

河合隼雄　2008　河合隼雄のスクールカウンセリング講演録　創元社

河村茂雄　2000　Q-U 学級満足度尺度による学級経営コンサルテーションガイド　図書文化社

河村茂雄　2002　教師のためのソーシャル・スキル─子どもとの人間関係を深める技術　誠信書房

河村茂雄　2007a　いま子どもたちに育てたい学級ソーシャルスキル　小学校低学年─一人とかかわり，ともに生きるた
　　めのルールやマナー(1)　図書文化社

河村茂雄　2007b　いま子どもたちに育てたい学級ソーシャルスキル　小学校中学年─一人とかかわり，ともに生きるた
　　めのルールやマナー(2)　図書文化社

河村茂雄　2007c　いま子どもたちに育てたい学級ソーシャルスキル　小学校高学年─一人とかかわり，ともに生きるた
　　めのルールやマナー(3)　図書文化社

河村茂雄　2008　いま子どもたちに育てたい学級ソーシャルスキル　中学校　図書文化社

岸田幸弘　2015　子どもの登校を支援する学校教育システム─不登校をのりこえる子どもと教師の関係づくり　福村出
　　版

小林正幸　2007　「学校カウンセリング」とは何か　新しい実践を創造する学校カウンセリング入門　国立大学教育実
　　践研究関連センター協議会教育臨床部会（編）　東洋館出版社　Pp.2-11.

小林利宣　1984　生徒指導と教育相談　小林利宣（編）　教育相談の心理学　有信堂　Pp.113-123.

小泉英二　1973a　学校教育相談─その考え方と実践─　学事出版

小泉英二　1973b　登校拒否─その心理と治療─　学事出版

小泉英二　1975　クラス担任を中心に登校拒否にどう対するか　小泉英二・向後　正・根本恒郎・相馬健次（編）　学事
　　出版

小泉英二　1980　続登校拒否─治療の再検討─　学事出版

小泉英二　1990a　学校教育相談はなぜ必要か　学校教育相談・初級講座　小泉英二（編）　学事出版　Pp.10-15.

小泉英二　1990b　治療的カウンセリングと開発的カウンセリング　学校教育相談・初級講座　小泉英二（編）　学事出
　　版　Pp.16-21.

國分康孝　1999　学校カウンセリングへの３つの提言　國分康孝（編）　学校カウンセリング　日本評論社

國分康孝・門田美恵子　1996　保健室からの登校―不登校児への支援モデル　誠信書房

國分康孝・片野智治・加勇田修士・國分久子　2000　エンカウンターとは何か―教師が学校で生かすために　図書文化社

國分康孝・清水井一　2007　社会性を育てるスキル教育35時間―総合・特活・道徳で行う年間カリキュラムと指導案（小学５年生）　図書文化社

國分康孝・國分久子（監修）　2003　育てるカウンセリングによる教室課題対応全書　図書文化社

国立教育政策研究所　2014　教員環境の国際比較OECD 国際教員指導環境調査(TALIS)2013 調査報告書　ぎょうせい

国立教育政策研究所　2019　教員環境の国際比較OECD 国際教員指導環境調査(TALIS)2018 調査報告書　ぎょうせい

近藤邦夫　2000　授業と学校臨床　近藤邦夫・岡村達也・保坂　亨（編）　子どもの成長 教師の成長　東京大学出版会　Pp.79-96.

栗原慎二　2001　ブリーフセラピーを生かした学校カウンセリングの実際―短期学校カウンセリング5段階モデルの提案　ほんの森出版

栗原慎二　2002　新しい学校教育相談の在り方と進め方―教育相談係の役割と活動―　ほんの森出版

栗原慎二　2003　開発的カウンセリングを実践する9つの方法―「待ち」の教育相談からの転換を―　ほんの森出版

真仁田　昭　1990　学校カウンセリング　その方法と実践　金子書房

真仁田　昭・堀内　聡　1979　心因性緘黙症の研究―二卵性双生児の事件をめぐって―　教育相談研究, **18**, 1-18.

真仁田　昭・内藤さと美　1981　マンガ「愛と誠」の中に自己を見出したＹ子の非行　教育相談研究, **20**, 1-14.

松澤裕子・高橋知音・田上不二夫　2005　対人関係ゲームによる学級の人間関係づくり（8）―登校しぶりのある児童の就学と人間関係づくりへの援助―　日本カウンセリング学会第 38 回大会発表論文集, 205-206.

松澤裕子・高橋知音・田上不二夫　2006　対人関係ゲームによる学級の人間関係づくり（15）―通常学級における特別な教育的支援を必要とする児童の学級親和促進要因の検討―　日本カウンセリング学会第 38 回大会発表論文集, 276.

松澤裕子・高橋知音・田上不二夫　2007　対人関係ゲームによる学級の人間関係づくり（21）―特別な教育的支援を必要とする児童の学級親和促進に及ぼす効果―　日本カウンセリング学会第 38 回大会発表論文集, 210.

三木とみ子　2007　健康相談活動の基本　三木とみ子・徳山美智子（編）　健康相談活動の理論と実際―どう学ぶかどう教えるか―　ぎょうせい　Pp.1-14.

宮口幸二　2015　CD 付コグトレ　みる・きく・想像するための認知機能強化トレーニング　三輪書店

宮口幸二　2016　1 日 5 分！教室で使えるコグトレ　困っている子どもを支援する認知トレーニング 122　東洋館出版社

宮口幸二　2020a　社会面のコグトレ　認知ソーシャルトレーニング 1　段階式感情トレーニング編　三輪書店

宮口幸二　2020b　医者が考案したコグトレ・パズル　SB クリエイティブ

文部科学省　2011　＜解説＞教員免許更新制のしくみ

文部科学省　2018　不登校児童生徒への支援の在り方について（通知）

文部省　1949　児童の理解と指導　大蔵省印刷局

文部省　1965　生徒指導資料第 1 集　生徒指導の手びき　大蔵省印刷局

文部省　1966　生徒指導資料第 2 集　生徒指導の実践上の諸問題とその解明大蔵省印刷局

文部省　1970　生徒指導資料第 6 集　学級担任の教師による生徒指導　大蔵省印刷局

文部省　1971　生徒指導資料第 7 集　中学校におけるカウンセリングの考え方　大蔵省印刷局

文部省　1972　生徒指導資料第 8 集　中学校におけるカウンセリングの進め方　大蔵省印刷局

文部省　1980　生徒指導資料第 15 集　生徒指導研究資料第 10 集　生徒指導上の問題についての対策―中学校・高等学校編―　大蔵省印刷局

文部省　1981　生徒指導の手引　大蔵省印刷局

文部省　1990　生徒指導資料第 21 集　生徒指導研究資料第 15 集　学校における教育相談の考え方・進め方　大蔵省印刷局

文部省　1996　第 15 期中央教育審議会答申

文部省　1997　保健体育審議会答申

文部科学省　2002　不登校問題に関する調査研究協力者会議（第 4 回）議事録

文部科学省　2004a　小・中学校における LD，ADHD，高機能自閉症の児童生徒への教育支援体制の整備のためのガイドライン（試案）

文部科学省　2004b　文部科学省事業評価書　「新規・拡充事業」政策目標 2 確かな学力の向上と豊かな心の育成　スクールカウンセラー活用事業補助

文部科学省　2005　教職員配置等の在り方に関する調査研究協力者会議（第 3 回）配布資料

森　政弘　1968　NHK 情報科学講座 4 制御と情報　日本放送出版協会

森　政弘　2001　初めて学ぶ基礎制御工学 第2版　東京電機大学出版局

森嶋昭伸　2004　学習指導要領の改訂と「ガイダンスの機能の充実」「ガイダンスの機能の充実」によるこれからの生徒指導，特別活動　高橋哲夫・森嶋昭伸・今泉紀嘉（編）　教育出版　Pp.1-11.

村瀬嘉代子　2001　子どもと家族への統合的心理療法　金剛出版

村山正治　1995　スクールカウンセラーの新しい時代の幕開け　スクールカウンセラー—その理論と展望　村山正治・山本和郎（編）　ミネルヴァ書房　Pp.263-274.

長坂正文　2000　学校カウンセリングの基本技法　ほんの森出版

中村恵子　2004　スクールカウンセラーによる学習援助を中心にしたひきこもり生徒への登校援助　カウンセリング研究，**37**, 336-344.

中村恵子　2008　ゲームにのめりこんで不登校に陥った子どもたち　児童心理，**62**(2), 62-66.

中村恵子　2018　再登校支援のための別室運営の管理プロセスとその促進要因　日本学校心理士会　年報, 10, 122-131.

中村恵子　2019　不登校生徒の別室登校に対するチーム支援プロセスとその促進要因　カウンセリング研究，**52**, 11-21.

中村恵子・小玉正博・田上不二夫　2013　教育委員会からの学校カウンセラーの介入が不登校生徒への校内支援体制に及ぼす影響　カウンセリング研究，**46**, 43-52.

中村恵子・田上不二夫　2005　チーム援助での援助構造明確化による効果　カウンセリング研究，**38**, 416-425.

中村恵子・田上不二夫　2006　登校渋り児童へのチーム援助による母親のうつ症状改善の効果　カウンセリング研究，**39**, 338-345.

中村恵子・田上不二夫　2007　対人関係ゲームによる学級の人間関係づくり(17)—学校生活充実感尺度（小学生版）の開発—　日本カウンセリング学会第40回大会発表論文集, 217.

中村恵子・田上不二夫　2008　適応指導教室充実感尺度・適応指導教室からの部分登校充実感尺度の妥当性と信頼性の検討　カウンセリング研究，**41**, 119-128.

中村恵子・田上不二夫　2011　適応指導教室での充実感と登校行動との関係　カウンセリング研究，**44**, 28-37.

中村恵子・田上不二夫　2018a　うつ症状を伴う不登校生徒に対する別室登校での学校環境調整と対人関係ゲームの効果カウンセリング研究, 51, 114-124.

中村恵子・田上不二夫　2018b　小学校生活充実感尺度の妥当性と信頼性の検討　東北福祉大学　感性福祉研究所紀要，**19**, 93-102.

中村恵子・田上不二夫　2018c　中学校生活充実感尺度の妥当性と信頼性の検討 東北福祉大学 感性福祉研究所紀要, **19**, 103-113.

中村恵子・山本淳子・鹿嶋真弓・田上不二夫　2005　対人関係ゲームによる学級の人間関係づくり(10)—学校生活充実感尺度（中学生版）の作成—　日本カウンセリング学会第38回大会発表論文集, 209-210.

中村恵子・常盤厚一・菅野秀勝・田上不二夫　2007　教師の授業努力と生徒の理解・興味・やる気の獲得との関連　日本教育心理学会第49回総会発表論文集, 161.

中野目純一　2008　もうスターは要らない—Dorothy H. Berry（ドロシー・ハマチ・ベリー）国際金融公社人事・総務担当副総裁に聞く　日本経済新聞2月15日朝刊

中内みさ　2007　アメリカにおける学校カウンセリング　学校カウンセリングの理論と実践　佐藤修策（監修）　相馬誠一（編）　ナカニシヤ出版　Pp.127-138.

Norman, W. T.　1963　Toward an adequate taxonomy of personality attributes. *Journal of Abnormal and Social Psychology*, **66**, 574-583.

岡安孝弘・嶋田洋徳・丹羽洋子・森　俊夫・矢冨直美　1992　中学生の学校ストレッサーの評価とストレス反応との関係　心理学研究，**63**, 310-318.

岡安孝弘・嶋田洋徳・坂野雄二　1993　中学生におけるソーシャル・サポートの学校ストレス軽減効果　教育心理学研究，**41**, 302-312.

大野清志・堀内　聡　1979　Tic に対する自己コントロール法の適用例について　教育相談研究，**18**, 19-28.

大野清志・竹山恒寿（編）　1972　催眠学講座2　黎明書房

大野清志・村田　茂（編）　2003a　動作法ハンドブック　基礎編　慶応義塾大学出版会

大野清志・村田　茂（編）　2003b　動作法ハンドブック　応用編　慶応義塾大学出版会

大野精一　1997a　学校教育相談—理論化の試み　ほんの森出版

大野精一　1997b　学校教育相談—具体化の試み　ほんの森出版

大矢一人　1993　民主主義と戦後の教育改革　寄田啓夫・山中芳和（編）　教職専門シリーズ②日本教育史　ミネルヴァ書房　Pp.125-145.

小澤美代子　2003a　上手な登校刺激の与え方　ほんの森出版

小澤康司　2003b　学校組織とのコラボレーション　学校臨床心理学・入門—スクールカウンセラーによる実践の知恵　伊藤美奈子・平野直己（編）　有斐閣　Pp.187-193.

Pugh, K., Menkcl, E., & Jenner, A. 2000 Functional neuroimaging studing of reading and reading disability (developmental dyslexia). *Mental Retardation and Developmental Disabilities Research Reviews,* **6**, 207-213.

Rizzolatti, G., & Craighero, L. 2004 The mirror-neuron system. *Annual Review of Neuroscience,* **27**, 169-192.

Rogers, C. R. 1980 *Client-centered therapy.* Boston, MA: Houghton Mifflin. (佐治守夫・都留晴夫・平木典子（監修・翻訳）　グロリアと３人のセラピスト〈来談者中心・ゲシュタルト・論理〉療法の記録　ビデオカセットテープ　日本・精神技術研究所）

坂本條樹　2017　基礎脳力アップパズル　学研

坂野雄二・岡安孝弘・嶋田洋徳　2007　PSI 小学生用・中学生用・高校生用マニュアル　実務教育出版

佐久間亜紀　2005　アメリカにおける教育系専門職大学院の現状と日本への示唆　現代の高等教育　民主教育協会誌, **472**, 45-50.

佐藤修策　2007　学校カウンセリングの今日的意義と課題　佐藤修策（監修）　相馬誠一（編）　学校カウンセリングの理論と実践　ナカニシヤ出版　Pp.1-12.

佐藤正二・相川　充　2005　実践! ソーシャルスキル教育小学校編―対人関係能力を育てる授業の最前線　図書文化社

佐藤　弥　2014　表情コミュニケーションの心理神経メカニズムの探究　分子精神医学, **14**, 54-55.

澤田慶輔　1987　生徒指導基本用語解説第１回　指導と評価４月号　図書文化社　p.38.

沢崎達夫　2004　カウンセリングの基本構造　はじめに　福島脩美・田上不二夫・沢崎達夫・諸富祥彦（編）　カウンセリングプロセスハンドブック　金子書房　Pp.3-4.

Skinner, B. F. 1953 *Science and human behavior.* Oxford, UK: Macmillan. (河合伊六・長谷川芳典・高　山巌・藤田継道・園田順一・平川忠敏・杉若弘子・藤本光孝・望月　昭・大河内浩人・関口由香（訳）2003　科学と人間行動　二瓶社）

杉山登志郎　2004　コミュニケーション障害としての自閉症　高木隆郎・ハリウン P. フォンボン E.（編）　自閉症と発達障害研究の進歩8　星和書店　Pp.1-23.

杉山登志郎　2016　自閉症の精神病理　自閉症スペクトラム研究, **13**, 5-13.

椙山喜代子・渡辺千歳　1999　生徒を理解する―生徒指導・教育相談　学文社

田上不二夫　1999　実践! スクール・カウンセリング　金子書房

田上不二夫　2017　不登校の子どもへのつながりあう登校支援　金子書房

田上不二夫（編）　2003　対人関係ゲームによる仲間づくり―学級担任にできるカウンセリング―　金子書房

田上不二夫（編）　2010　実践グループカウンセリング―子どもが育ちあう学級づくり　金子書房

田上不二夫・今田里佳・岸田優代（編）　2007　特別支援教育コーディネーターのための対人関係ゲーム活用マニュアル　東洋館出版社

高原晋一　2006　１人の子どものニーズに応えるシステム アメリカのスクールカウンセリング　ほんの森出版

高橋哲夫　2000　生徒指導の意義・ねらいと性格（ガイダンスの視点を加えた新しい方向）　新訂生徒指導の研究―生徒指導・教育相談・進路指導, 学級・ホームルーム経営―　高橋哲夫（代表）　仙崎　武・藤原正光・西　君子（編）教育出版　Pp.7-18.

高橋秀俊・神尾陽子　2018　自閉スペクトラム症の感覚の特徴　精神神経学雑誌, **120**, 369-383.

滝　充　2009　中１不登校調査再考―エヴィデンスに基づく未然防止策の提案―　国立教育政策研究所紀要, **138**, 157-167.

Tamm, J., & Luyet, R. 2004 *Radical collaboration.* Armonk, NY: Baror International. (斉藤彰悟（監訳）　池田絵実（訳）　2005　コラボレーションの極意―協働を導くための５つのスキル　春秋社）

田村節子・石隈利紀　2007　保護者はクライエントから子どもの援助のパートナーへとどのように変容するか―母親の手記の質的分析―　教育心理学研究, **55**, 438-450.

田中治彦　1993　青少年指導者講習会(IFEL)とその影響に関する総合的研究平成４年度文部省科学研究費補助金（一般研究C）研究成果報告書

田中熊次郎　1973　教育的集団心理療法　日本文化科学社

田中熊次郎（編）　1970　教育相談臨床事例集１　明治図書

田中熊次郎（編）　1972　教育相談臨床事例集２　明治図書出版

田中將之　2005　自殺企図を繰り返す高校生への教師による危機介入　カウンセリング研究, **38**, 375-384.

田中將之　2007　犯罪被害者遺族に対する教師・学校の対応　カウンセリング研究, **40**, 70-80.

Tharinger, D., & Lambert, N. M. 1990 The contributions of developmental psychology to school psychology. In T. B. Gutkin & C. R. Reynolds(Eds.), *The handbook of school psychology*(2nd ed.). New York: John Wiley & Sons.

栃木県教育委員会事務局　1979　アメリカの中等教育を見る―職業教育を中心として　現職教育資料第33号　現職教

　　育資料（復刻版）No.1 ～No.277　栃木県教育委員会事務局義務教育課　Pp.187-193.

内山喜久雄　1988　講座サイコセラピー2　行動療法　内山喜久雄・高野清純（監修）　日本文化科学社

内山喜久雄　2006　認知行動療法フォーミュレーションの理論的・臨床的考察精神療法, **32**, 677-682.

内山喜久雄・坂野雄二（編）　2008　認知行動療法の技法と臨床　日本評論社

内山喜久雄・高野清純　1973　講座心理療法第2巻　行動療法の理論と技術　日本文化科学社

内山喜久雄・高野清純　1976　心理療法の技術と実際　日本文化科学社

内山喜久雄・山口正二（編）　1999　実践 生徒指導・教育相談　ナカニシヤ出版

鵜飼啓子　2008　スクールカウンセラーの仕事とは　児童心理, **62**(6), 35-43.

梅原　誠　2004　国内生産でも世界で勝てる―メード・イン・ジャパンの逆襲 小型・精密・実装技術で進化するシチ
　　ズン時計のDNA　東洋経済新報社

Vandermosten, M., Hoeft, F., & Norton, E. S.　2016　Integrating MRI brain imaging studies of pre-reading children
　　with current theories of developmental dyslexia: A review and quantitative meta-analysis. *Current Opinion in*
　　Behavioral Sciences, **10**, 155-161.

von Bertalanffy, L.　1968　*General systems theory. Foundations, development, application.* New York: Braziller.（長野
　　敬・太田邦昌（訳）　1973　一般システム理論　みすず書房）

和井田節子　2000　学校精神保健地域ネットワークを立ちあげて保健所，教育センター，児童相談所，学校，スクール
　　カウンセラーが手を組みつつあります　月刊学校教育相談, **14**(4), 40-43.　ほんの森出版

和井田節子　2005a　教育相談係どう動きどう楽しむか　月刊学校教育相談, **19**(9), 1-158.　ほんの森出版

和井田節子　2005b　校内暴力による学校危機を起点とした学校改善に関する事例研究　筑波大学修士論文（未公刊）

渡辺三枝子　2002a　新版カウンセリング心理学―カウンセラーの専門性と責任性―　ナカニシヤ出版

渡辺弥生　1996　講座サイコセラピー11　ソーシャルスキル・トレーニング　内山喜久雄・高野清純（監修）　日本文
　　化科学社

渡辺弥生　2002b　「こころの教育」実践シリーズ2　VLFによる思いやり育成プログラム　図書文化社

Williams, J., Huggins, C., Zupan, B., Willis, M., Van Rheenen, T., Sato, W., Palermo, R., Ortner, C., Krippl, M., Kret,
　　M., Dickson, J., Li, C. S. R., & Lowe, L.　2020　A sensorimotor control framework for understanding emotional
　　communication and regulation. *Neuroscience and Biobehavioral Reviews*, **112**, 503-518.

ヤギ・ダリル　1998　スクールカウンセリング入門―アメリカの現場に学ぶ―　勁草書房

山本和郎　1986　コミュニティ心理学―地域臨床の理論と実践　東京大学出版会

吉田圭吾　2007　教師のための教育相談の技術　金子書房

索　引

人名・団体索引

おわりに

　拙書をお手にとってくださった皆様のおかげで，思いがけず改訂の幸に恵まれました。この3月まで，私は人口約8万人規模の市で，教育委員会に所属するスクールカウンセラーとして勤務しておりました。私への役割期待は，学校危機と解決困難な問題への対応にありました。ある学校事件で協働したことがきっかけで，共著者でもある指導主事の佐野英男先生がスクールカウンセラーを市教委に加えようと働きかけてくださり，教育長はじめ管理主事と指導主事の粘り強い運動が議会を動かしました。

　市教委にカウンセラーポストがつくられ，相棒に恵まれた佐野先生と私は，たくさんのケースをこなしました。初年度は，週3日勤務で延べ1000件の事例が集まりました。仕事が深夜に及ぶことも珍しくなく，翌年度にはカウンセラーが複数化されてパワーアップしました。

　難事例の支援方法は，関係者が知恵を絞って編み出し，ケースが増えるにつれて支援資源や解決技法が蓄積されました。家庭訪問，相談室登校，学習支援，級友とのおしゃべりやゲームの演出など，どれも簡単なようで難しく，成功にたどり着くまで何度協議を繰り返し，どれほど深夜のコーヒーをすすったことでしょう。

　従来のカウンセリングは，クライエントの話へのリアクションを通して相談室内で展開されますが，私の目の前では，多くの教職員が力を合わせて難事例に挑み，生徒の学校適応がアクティブに促進されていきました。勉強も教師や級友との関係も，生徒を苦しめて不登校にいたったはずの学校生活のできごとの多くが，支援チームのアレンジで生徒を育て直す支援資源に転換されるのです。カウンセラーだけではとうていできない支援展開の醍醐味に，いつか私は魅了されていました。学校カウンセリングとは，カウンセラーのリアクションではなく，支援チームのアクションで成り立つのだと確信するにいたりました。それが本書のフォーミュレーションです。

　学校臨床ではたくさんの出会いがあり，本書の執筆にあたっても学校現場の先生方から多くのご知見とお力添えをいただきました。

　第1章の児童生徒支援システムモデルは，ひとつの事例解決のために教職員がどのように力を合わせるかという校内支援体制のモデルです。本モデルは，かつて困難な事例で苦労をともにさせていただいた橋本毅先生に相談して構想を練りました。橋本先生と取り組んだ事例では，誰がどのように協働してどうチームを組むかが展開上の課題でした。そして，本書を執筆中に協働させていただいた益子雅明先生のご知見に助けられて児童生徒支援システムモデルが具体化しました。校内で効果的に機能する学校カウンセリングのイメージや校内支援体制につきましては岡田雅俊先生，田崎建文先生のご意見も頂戴いたしました。

　第2章は学校カウンセリングの歴史について，戦後から現在までをたどりました。常盤厚一先生が私蔵される貴重な本や資料を一式ご提供くださり，さらに昭和40年代以降の学校教育の変遷についてご経験を説き起こしてくださいました。常盤先生は学校現場への理論や調査を積極的に取り込まれ，本書につきましても構想段階から一貫してご協力くださいました。また，内容につきましては，田中将之先生からもご助言を頂戴いたしました。

　第3章では学校環境への適応システムの図解に苦しみました。「子どもの学校生活を学校環境と家庭環境がひとつのシステムをなして支えている」ことを図解するために何通りもの試作を重ねました。しかし，学校環境と家庭環境という条件が子どもの発達刺激として成長を促進したり，学校生活を支

えるために補いあったり，バランスが崩れると発達刺激どころか負担になるなど，説明したいこと全体を表現できる図解にはいたりません。締め切りに追いつめられた私は，勤務する大学の授業で受講生に問題提起しました。2008年前期に担当していた東京学芸大学の「教育相談の理論と方法」，文教大学の「学校カウンセリング」の受講生約170名の学生です。彼らは私に多くの質問を投げかけながら真剣に私が語る条件を説明しようと試行錯誤してくれました。文教大学教育学部の伊藤豊くんがジェンガモデルでの説明を試みました。ジェンガとは，同じサイズの直方体のパーツを縦横に組んで作ったタワーから一片を抜き取って最上段に積みあげ，タワーを崩した人が負けというゲームです。パーツの積み上げによって成立し，パーツのいくつかが抜けてしまっても他のパーツに補われて簡単には倒れない。けれどもパーツの抜け方によってはバランスを失い，次のパーツを積み上げられなくなるという私のイメージとジェンガが重なりました。伊藤くんをはじめ学生の協力なしに，学校環境への適応システムを図解することはできなかったでしょう。授業後も延々と教室に残り，惜しみなく知恵を絞ってくれた学生のパワーこそ，未来の学校教育の灯火となるに違いありません。

　第4章では，問題解決にあたって教職員がコラボレーションチームを組むために必要な各役割の専門性について述べました。執筆は，実際に現場で卓越した実践を積み重ねられた先生方にお願いしました。担任，学年主任，コーディネーターについては小学校と中学校の両方の先生にお願いし，共通点と相違点を整理して編集いたしました。第2版では，執筆者を公立の小中学校で叩き上げてきた実践者に絞り，学校現場に即したよりリアルな学校カウンセリングの提言を目指しました。力を与えてくださった皆さまに心から感謝申し上げます。

　そして，研究者として私を育ててくださろうとしている監修者の田上不二夫先生のお力なしに本書を語ることはできません。構成から文章までご指導くださった田上先生に深く感謝申し上げます。

　最後に，本書を企画し，原稿の遅れを寛大に見守りながら編集の労をお取りくださった宍倉由髙氏に厚くお礼を申し上げます。

　なお，本書で扱った事例につきましては，複数の事例を組み合わせ，加工を施したフィクションであることを付記いたします。

2021年2月

中村恵子

小学校生活に関する調査

　　この調査は、皆さんがふだんの学校生活で、どのようなことに楽しいとかつまらないなどの思いを感じているのか調べるものです。回答はすべてコンピュータにかけられ、せいせきやひょうかには関係ありません。思いついたことを気がるに回答してください。

学年（３ ・４ ・５ ・６）　　性別（男 ・ 女）出席番号（　　　　）

次の質問で、最もそうだと思う数字１つに〇をつけてください。

	イヤだ	少しイヤだ	どちらともいえない	少し楽しい	楽しい
先生に話しかける	1	2	3	4	5
先生といっしょに仕事をする	1	2	3	4	5
行事で先生と活動する	1	2	3	4	5
先生に声をかけられる	1	2	3	4	5
先生にアドバイスされる	1	2	3	4	5
グループや班で話しあいをする	1	2	3	4	5
グループや班で活動する	1	2	3	4	5
クラスの皆で活動する	1	2	3	4	5
クラスで話しあいをする	1	2	3	4	5
行事のための練習やじゅんびをする	1	2	3	4	5
授業をうける	1	2	3	4	5
授業でむずかしい問題にとりくむ	1	2	3	4	5
宿題をする	1	2	3	4	5
家で自分なりに勉強する	1	2	3	4	5
テストの勉強をする	1	2	3	4	5

中学校生活に関する調査

　この調査は皆さんが普段の生活で、どのようなことを楽しく、またどのようなことを苦痛に感じているのかを調べるものです。回答はすべて統計的に処理され、成績や生活・行動の評価とも関係ありません。あなたの思っていることを気軽にありのまま回答してください。

学年（1・2・3）　性別（男・女）　出席番号（　　　　）

以下の項目それぞれについて、あなた自身に最もあてはまると思う
数字1つに〇をつけてください。

	苦痛 くつう	やや 苦痛	どちらとも いえない	まあまあ 楽しい	楽しい
先生と話す	1	2	3	4	5
先生といっしょに仕事をする	1	2	3	4	5
行事で先生と活動する	1	2	3	4	5
先生といっしょに遊ぶ	1	2	3	4	5
先生に声をかけられる	1	2	3	4	5
先生にアドバイスされる	1	2	3	4	5
テストの勉強をする	1	2	3	4	5
宿題をする	1	2	3	4	5
家で自分なりに勉強する	1	2	3	4	5
勉強で難しい問題に取り組む	1	2	3	4	5
勉強でわからないことを調べる	1	2	3	4	5
授業で新しいことを勉強する	1	2	3	4	5
クラスで体育祭や学校祭など行事の話し合いをする	1	2	3	4	5
行事のための練習や準備をする	1	2	3	4	5
学級対抗の行事などで自分のクラスを応援する	1	2	3	4	5
グループや班で活動する	1	2	3	4	5
クラスの係を決める	1	2	3	4	5
委員会やクラスの係などの仕事をする	1	2	3	4	5

2021 年 12 月 16 日

学校カウンセリング病院小児科
仮称 創造 先生御机下

日本第一小学校　校長　田上不二夫
特別支援コーディネーター　岸田幸弘
３学年担任　松澤裕子
スクールカウンセラー　中村恵子

紹介状

　師走の候，仮称先生には益々ご清栄のこととお慶び申し上げます。
さて，下記児童につきましてご高診いただけますようお願いいたします。
また，学校で苦戦している集団場面や個別指導での対応方法の留意点などにつきましても，ご助言いただきたくお願い申し上げます。

中村一郎くん　小学３年生

＜学校生活の様子＞
* 授業中に座って集中していることが苦手で，おしゃべりや立ち歩きが目立ちます。
* 学習内容が難しくなるにつれ，宿題や課題の取り組みがおろそかになってしまいます。特に，文章題や作文など，すぐに答えが得られず労力を要する課題では，消しゴムをちぎったり並べたり，注意が課題から外れます。
* 集中が途切れたときは，担任がそばについて具体的に教えながら促すと取り組むことができますが，注意の仕方や教え方が癪に障ってしまうと拗ねやすく，静かにさせようと叱責を重ねると，「うるせー」「死ねババア」など反発がどんどんエスカレートし，暴力になったり，教室を飛び出してしまうなど収拾がつかなくなってしまいます。
* そのような悪循環を避けるために，叱責を控えようとしているつもりですが，担任の反応を意識し，手遊びから立ち歩きに，やがて窓を開けて二階の窓枠から身を乗り出すなど，担任が駆け寄って注意せざるを得ない行動にエスカレートしてしまい，現在はほとんど毎時間窓枠に向かっての立ち歩きがおさまりません。
* 級友との関係では，独占したい友達を遊びに誘う子供や，自分より先を走る子供に対してなど，自分の思いが妨害されそうな場面で，言葉より先に蹴りやパンチが出て，頻繁にトラブルが起こります。
* 学童保育では，学習タイムなどの集団ルールに従えず，机上を駆け回ったり，ドアにぶら下がったり，奔放さが目立つようです。指導員が暴走を叱責して抑えようとすると本児も逆上しやすく，暴力に発展しがちです。

2022 年 6 月 26 日

学校カウンセリング病院小児科
仮称 創造 先生御机下

日本第二小学校　校長　月井祐二
特別支援コーディネーター　佐野英男
2学年担任　益子泰志
スクールカウンセラー　中村恵子

紹介状

　梅雨の候，仮称先生には益々ご清栄のこととお慶び申し上げます。
　さて，下記児童につきましてご高診いただけますようお願いいたします。
また，学校で苦戦している集団場面や個別指導での対応方法の留意点などにつきましても，ご助言いただきたくお願い申し上げます。

中村二郎くん　小学2年生

＜学校生活の様子＞
* 授業中の立ち歩きはありませんが、担任が授業内容の説明をしていると、そこから連想されることを自由奔放に発言し、その奔放な発言への対応で授業の進行が滞る場面が1日に3～10回くらいあります。
* 授業中の発言は、担任が指名してからというルールを徹底させたいのですが、それならなぜルールがあるのか、なぜ皆には迷惑なのか、それでは迷惑とは何かなど、果てしない問いかけが続き、やはり授業が滞ります。
* 学習では、特に暗記が得意で、のみこみも早く、自分のペースでどんどん教科書を進めていますが、授業と関係のない内容を声に出して暗唱し、そのような場面で注意すると、机に伏せて泣いたり、頭をかきむしったり、机を叩いたり、うまく場面に適合させたり、切り替えを促す指導ができません。
* また、室内履きのシューズを嫌い、学校でのほとんどの時間を裸足で過ごしています。
* 体操服への着替えにも強い抵抗があり、一人だけ着替えずに体育に参加したり、参加せずに教室に残ったり校内探検などをしていたり、どのような声かけをすれば統制できるのか、指導に悩むところです。
* 体育では、球技でボールを扱うぎこちなさが目立ち、ボールと自分の距離感がつかめず、ドッヂボールでボールをよけたり投げたりすることが苦手です。
* 給食では、魚や野菜を嫌い、炭水化物以外はほとんど残しています。

執筆者紹介（執筆順）（＊：監修者，＊＊：編著者）

田上不二夫＊（たがみ・ふじお）
筑波大学名誉教授。
東京福祉大学心理学部教授。

中村恵子＊＊（なかむら・けいこ）
担当：第1章，第2章，第3章，第4章1節，第4章2節，第4章7節
東北福祉大学総合福祉学部准教授。

松澤裕子（まつざわ・ひろこ）
担当：第4章3節1，2
長野県須坂市立井上小学校教諭。

佐野英男（さの・ひでお）
担当：第4章3節3，4
栃木県大田原市立大田原中学校教頭。

岸田幸弘（きしだ・ゆきひろ）
担当：第4章4節1，3，5
松本大学教育学部教授。

月井祐二（つきい・ゆうじ）
担当：第4章4節2，4
栃木県大田原市立金田南中学校校長。

益子泰志（ましこ・やすし）
担当：第4章5節1，2
栃木県那須塩原市教育委員会管理主事。

津布樂光惠（つぶら・みつえ）
担当：第4章5節3，4，5
元那須町立田中小学校長，元大田原市立蛭田小学校長。

楡木美智子（にれぎ・みちこ）
担当：第4章6節
元栃木県大田原市立親園中学校養護教諭。

常盤厚一（ときわ・こういち）
担当：第4章8節，第4章9節
大田原市黒羽・川西地区公民館社会教育指導員。

新江　侃（あらえ・つよし）
担当：第4章10節
大田原市教育長。

シリーズ　子どもと教師のための教育コラボレーション　Ⅱ

学校カウンセリング ［増補第 3 版］
問題解決のための校内支援体制とフォーミュレーション

2021 年 4 月 20 日　増補第 3 版第 1 刷発行　　（定価はカヴァーに 表示してあります）

監修者　田上不二夫
編著者　中村　恵子
発行者　中西　　良
発行所　株式会社ナカニシヤ出版
☎ 606-8161　京都市左京区一乗寺木ノ本町 15 番地
　　　　　　　Telephone　　075-723-0111
　　　　　　　Facsimile　　075-723-0095
　　　　Website　http://www.nakanishiya.co.jp/
　　　　E-mail　iihon-ippai@nakanishiya.co.jp
　　　　　　　郵便振替　01030-0-13128

装幀＝白沢　正／印刷・製本＝ファインワークス